快读慢活

陪 伴 女 性 终 身 成 长

女子工作术

[日] Emi —— 著　曹逸冰 —— 译

浙江摄影出版社
全国百佳图书出版单位

Wanbooks
ADHESIVE STICK

一切始于日积月累的小巧思

故事的开始，是一件微不足道的小事。

眼看着抽屉里的笔堆成了小山，

我便留下了最常用的几支，收纳在随手可及的位置。

没想到这么一调整，找笔、拿笔的时候方便了很多。

太棒了！

原本觉得某位前辈有点不好相处，可是微笑着打过招呼以后，

前辈的语气仿佛都变得温和了。

太棒了！

再细碎的小巧思，好像也能积少成多，

让工作和生活变得更顺心。

无关紧要的一件小事，竟然也能让人变得积极、阳光，

进而萌生出“再想些新法子”的念头。

一旦尝到工作和生活走上正轨的快感，你一定能迈出新的一步。

进行中
A社
B社

职场的风景变了，带着期待去上班

“唉，明天又要去上班了，心好累……”

“只是份工作而已，想开点吧……”

也许你也被工作搞得身心俱疲、焦头烂额……

但只要稍微调整一下工作中的方法，

你就会情不自禁地在心中欢呼：

“哇，这样好方便啊！”

“这么一来果然轻松很多！”

其实，日常工作中有许多能够让人欢欣雀跃的瞬间。

职场上的人际关系和工作内容确实无法轻易改变，

但我们随时都可以自己想点小办法，调整一下心情和状态。

如此一来，即便同样的环境也能慢慢呈现出别样的风景。

把“省力”二字放在心头，便能挤出宝贵的时间

怎么做才能“省力”？

——希望大家能带着这个问题去寻找让工作更省力的小巧思。

省力，绝不是把任务推给别人，也不是想着法子偷懒。

挤出时间、提升工作效率才是省力的关键。

即便只是工作中小小的不便，也不能放任不管。

与其准备 3 支笔换着写，

不如用 1 支集三者功能于一体的笔，这样就省力多了。

千万别小看省出来的这几秒工夫，

日积月累一定能成为你的宝贵财富。

构想明年的目标，多多陪伴家人……

省出来的时间，也能让工作本身变得更快乐。

序　言

把容易散落的穿孔文件夹换成透明的单片夹，把隔层很多的收纳箱换成方便拿取和查找文件的文件盒……我每天都会开动脑筋，寻找简单、方便又不费钱的工作妙招。

早在学生时代，我就对“提升工作或家务的效率”有着浓厚的兴趣。十多年前，我开设了专注家居生活小巧思的博客 *OURHOME*。当时我还是个普通的上班族，大学一毕业就进入一家邮购公司担任家居收纳用品策划专员，一直没有换过工作。后来，我为 8 年的职场生涯画上句号，成了一名自由职业者。

现在，我不仅以“整理收纳顾问”的身份出版书籍、开办培训班，而且还在 2015 年注册了自己的公司，与丈夫共同经营。目前，公司还有 8 位员工负责运营工作室和网店，她们都是家庭、工作两不误的职场妈妈。

辞职前，我生了一对龙凤胎。“家庭和事业当然都很重要，可我现在是两头都顾不好啊……”休完产假回归职场的时候，我烦恼重重。但人生仅此一回，每个人的时间都宝贵而有限。事业与家庭孰轻孰重？是放弃，还是咬牙坚持？每天都那么辛苦，到底该怎么办才好？与其没完没了地纠结，还不如把宝贵的时间充分利用起来，开动脑筋想办法！

只要稍微整理一下办公桌，收拾一下心情，你的工作状态就会与以往大不相同。与家人在一起的美妙时光也在等待着你！

这是我出版的第10本书，这本书总结了我上班时提升效率的小技巧和创业后积累的工作小窍门，总共88条。每个人的工作环境都不一样，有些方法也许不能直接套用，考虑到这一点，我特意从自身觉得“用了确实省力”的方法中挑选了一些既不挑职业，也不挑工作方式的方法加以介绍。希望这本书能切实地帮助各位女性，在你工作碰壁、身心俱疲的时候成为照亮你前路的一盏小灯。

整理收纳顾问 Emi

目　录

CHAPTER 1

让工作变得更省力的整理收纳法 & 贴心工具

专栏

CHAPTER 2

职场女性提高工作效率的34个小技巧

CHAPTER 3

职场妈妈的经验分享

CHAPTER 4

让工作变得更轻松的沟通法则 & 调整情绪的方法

本书旨在帮助职场女性

提高工作效率，

创造更多属于自己

或陪伴家人的时间。

希望大家不吝从小事做起，

打造工作、生活两不误的良性循环圈。

本书的各个章节都是独立的，大家可以挑选自己感兴趣的部分看，借鉴省时省力的小诀窍，学习调整心情的方法。要是找到特别适合自己的妙招，那就开始实践吧！

CHAPTER 1

让工作变得

更省力的

整理收纳法

&

贴心工具

『一类一盒』是收纳的大原则

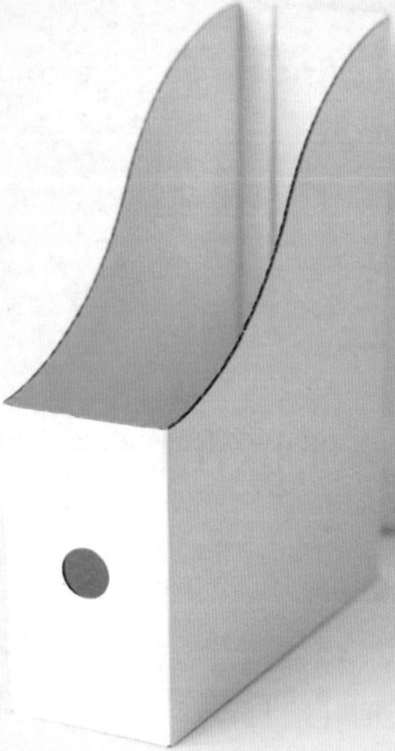

作为整理收纳顾问，“一类一盒”是我一贯主张的最基本的收纳原则，无论是居家还是职场，都十分方便。顾名思义，“一类一盒”就是按类型或使用的场合将物品分别归入盒子或抽屉，不同类的物品绝不要混着放。如此一来，每个盒子里都只有一种类型的物品，简单明了，方便查找，用完之后只要把东西放回去就可以，收拾起来也方便。这是最简便的收纳方法之一。

而且这种方法在办公室特别常见。大家不妨回忆一下，办公室的公共空间是不是有好多小抽屉，里面分别放着笔、便签、信封、单据之类的东西？大家都知道哪个抽屉里放了什么，取用和归位都很轻松。

至于个人的办公桌，我建议大家按项目整理，“一项一盒”。盒子比隔层很多的文件夹好用，因为只要把东西放进去就可以。不仅能用盒子收纳纸质资料，其他东西也能一并收纳，即便稍微有点乱也不碍事。只要把盒子拿出来，需要用的东西就都能找到。绝不会出现需要某样东西时到处翻找的情况，这样便能有效提高工作效率。

分门别类，在盒子上贴标签

把需要整理的东西全部拿出来，按“类别”或“使用场合”分门别类。为什么要全部拿出来呢？因为这样更容易发现不必要的物品，有助于及时处理掉。

如果分出来的某个类别刚好能放进一个盒子，贴个标签就大功告成了。如果没有标签，查找起来会很麻烦，还会耗费时间与精力。虽然只节省短短的几秒钟，但依然宝贵，所以千万不要省略这个步骤。要是一个盒子装不下，可以分得再细一点，直到分出能装进一个盒子的“一类”为止。不过请大家注意，千万不能因为盒子还有富余的空间就把无关的东西混放进去。混放不仅会妨碍我们迅速找到需要的物品，还容易分散我们的注意力，因此一定要遵守“一类一盒”的大原则，盒子稍微占点儿地方也没关系。

分门别类的方法视工作性质而定

工作性质不同，分门别类的方法也不同。比如，作为整理收纳顾问，我的物品通常是按项目分类的，也就是“一项一盒”。文件、参考书、创意笔记、色卡……只要是和这个项目有关的，我就会统统放进一个盒子里。如果策划案装不满一整个盒子，我会专门用一个贴有“进行中”标签的盒子，把正在推进的策划案都归置进去。对于其他工作，比如和书籍有关的就是“一书一盒”；商品开发方面的，就按客户公司分类“一司一盒”。

总之，分门别类的方法和工作性质有很大的关系。在公司上班的时候，我的盒子是按季节分的，春、夏、秋、冬各一个。如果你是跑业务的，可以按地区或客户公司分类。要是你的业务以月度、季度为周期，“一期一盒”当然也没问题。

如果有些资料和工具是每个项目都会用到的，那么把它们归成一类，单独设一个盒子也是不错的。

使用 A4 尺寸的文件盒，装满后立即整理

A4 尺寸的文件盒堪称办公室收纳利器。我们可以把后面即将提到的透明 A4 单片文件夹竖着放进文件盒里收纳，而且将形状各异、大小不一的东西统一放在 A4 单片文件夹内，也能让办公桌与储物柜显得更加整洁。另外，文件盒非常轻便，单手就能拿起来，它自己也能“站”得住，任意抽出其中的一个，两旁的盒子也不会倒下来。

那盒子装满了怎么办呢？先别急着加新盒子，趁机清理一下吧。千万别想着等项目结束了再收拾，任由文件塞满盒子，不但找东西的时候会特别费时，工作效率也会直线下降。项目还没结束也没关系，只要盒子装满了，就按下一页介绍的步骤整理，顺便调整一下心情。一旦养成及时整理的习惯，就能进一步提升工作效率。

文件盒整理的4大步骤

1 **尽快把装满的盒子拿出来**

觉得资料文件放得太满，不好拿取，就说明整理的时候到了，及时整理能有效提高工作效率。千万别在这个时候拖延，再忙也要立刻动手。

2 **把盒子里的东西全部拿出来**

“全部拿出来”是整理的基本原则。有些人为了节约时间省去这一步，直接在盒子里找不需要的文件。殊不知把东西摆出来更容易判断，更节省时间。

3 **分成“要归位的”和“要扔掉的”**

从左到右分别是“还有用，要放回盒子里的文件”“整理后需要归位的空文件夹”和“要处理掉的文件”。

4 **放回原位**

把整理好的盒子放回原位。“判断一件物品有没有必要留下”的能力与各种工作都密切相关，我们可以把整理文件盒当成一种技能训练。

文 件 盒 的 设 置 原 则

“进行中”比“待定”更好

“待定项目的议案”与“周期很短的小项目”也会产生一些文件与笔记。千万别把它们堆在办公桌的角落，设置一个专用的文件盒吧。切记，文件盒的标签不要写“待定”，用更加积极乐观的“进行中”会更好。

贴标签
一目了然

贴标签也是为他人行方便

标签不仅能方便自己，在你突然请假的时候，它们也能大展身手。上司和同事一看标签就知道文件放在哪儿了，有什么需要别人帮忙的事情，沟通起来也会更顺畅。外出办公时想请同事帮忙确认一下文件，也能三言两语交代清楚。

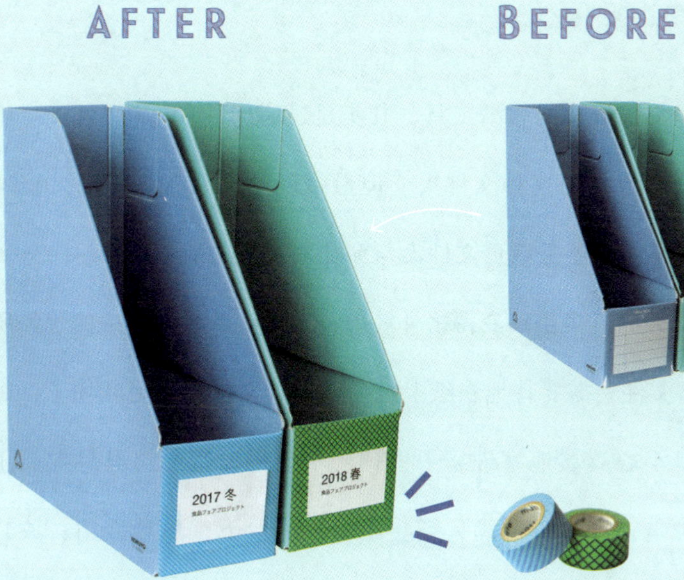

DIY改造

要是你觉得公司发的文件盒不好看，或是不合心意，让人提不起劲来整理，那就动手改造一下吧！成就感虽小，但舒心的环境有助于提升干劲，进而提高工作效率。

用装饰胶带点缀贴标签的区域算是最简便易行的改造方法了。用专业的标签打印机也不错，因为打印出来的标签显得更整齐。改造文件盒的确要费些心思，但好在能让自己神清气爽地投入工作，还是很值得的。

透明的 A4 单片文件夹是整理利器

工作中最好用的收纳工具，其实是透明的 A4 单片文件夹。想必很多读者也在用这种文件夹，但最多就是夹几张纸而已，整理资料的时候用的还是活页文件夹与穿孔文件夹，对不对？

让文件的分类整理变得格外简单，是透明单片文件夹的优势所在。穿孔文件夹需要特地在纸上打孔。插页文件夹就更麻烦了，每张纸都得小心翼翼地塞进袋子里，还不能根据实际情况只把要用的部分带走；就算没装满，空袋子也不能取下来单独使用；放其他项目的资料进去就乱套了……

用透明单片文件夹就不存在以上问题。只需将文件放入即可，取放都很方便。出门的时候，随手就能将需要的文件带走。只要统一使用透明的文件夹，装在里面的文件便能一目了然，不需要特意打开查看。最后，把单片的文件夹装进按项目分类的文件盒，整理工作就大功告成了。因此，我才说**使用透明单片文件夹比什么方法都省时省力，是最方便的整理利器**。

只要塞进透明单片文件夹，任何文件都能统一成 A4 尺寸

我平时只用 A4 尺寸的透明单片文件夹，其他尺寸的一律不用。为什么呢？因为这样一来，就能将**小纸片与大小不一的文件资料全部统一成 A4 尺寸进行管理**。无论是叠放还是竖着放进文件盒都会整整齐齐的，取用方便，看着也舒服。

小小的便签和发票不知道该放到哪里才好，只能随手放在办公桌上。结果等到需要用的时候，却发现怎么都找不着，急得满头大汗……大家应该都有过这样的经历吧？**越是小东西，就越应该塞进 A4 单片文件夹里**。即便文件夹里只有一张发票，也要竖着装进文件盒，这样才不容易弄丢。小册子之类的东西往往没有统一的尺寸，如果将它们全部统一成 A4 大小，管理起来就方便多了。千万别认为透明单片文件夹只能装文件资料，其实只要稍微调整一下思路，它就能成为更顺手的工具。

透明单片文件夹就是这么好用

发票不容易丢

发票的确很小，不过只要按项目分门别类，之后就会很方便。将发票放入透明单片文件夹，再往文件盒里一放，不但尺寸统一了，还不容易丢失。

把条形便签贴在内侧就成了标签

要怎么给透明单片文件夹贴标签呢？最简便的方法是取一张条形便签，把文字写在有黏性的那一面，然后贴在文件夹的内侧，这样既清楚又不容易掉。

信封里的文件资料也能一目了然

装在信封里寄来的文件资料要拿出来，只留下必要的部分放入透明单片文件夹。这样任何文件资料都能一目了然，不必特意拿出来看。

不会散落

穿孔文件夹和插页文件夹都有背脊，横放会形成倾角，叠放时容易滑动。而透明单片文件夹则不会散落，整洁又省心。

准备一个专门放置空的单片文件夹的收纳盒

通过之前的介绍，大家应该已经认识到透明单片文件夹有多好用了。再零碎的小纸片也能往里一塞，管理起来特别轻松。但有些公司会把单片文件夹统一放在办公室的公共区域，于是员工每次要用，都得特地跑过去拿。久而久之，大家就会嫌麻烦，把小纸片随便往桌上一扔……为了防止这种情况，我建议大家**把空的单片文件夹放在触手可及的地方**，这样就能随拿随用了。

仅仅是触手可及还不够，如果每次用都得先找半天才能找到，或是得费好大的力气才能从缝隙里抠出来，日子久了肯定会觉得麻烦，于是懒得用。因此，**最好的办法是准备一个专门放置空的单片文件夹的收纳盒**。如果空间有限，实在腾不出地方，那就尽量找个方便取用的位置作为“空夹专区”。拆空的单片文件夹也要放回原位哦！

磁铁收纳法
帮你提升日常工作效率

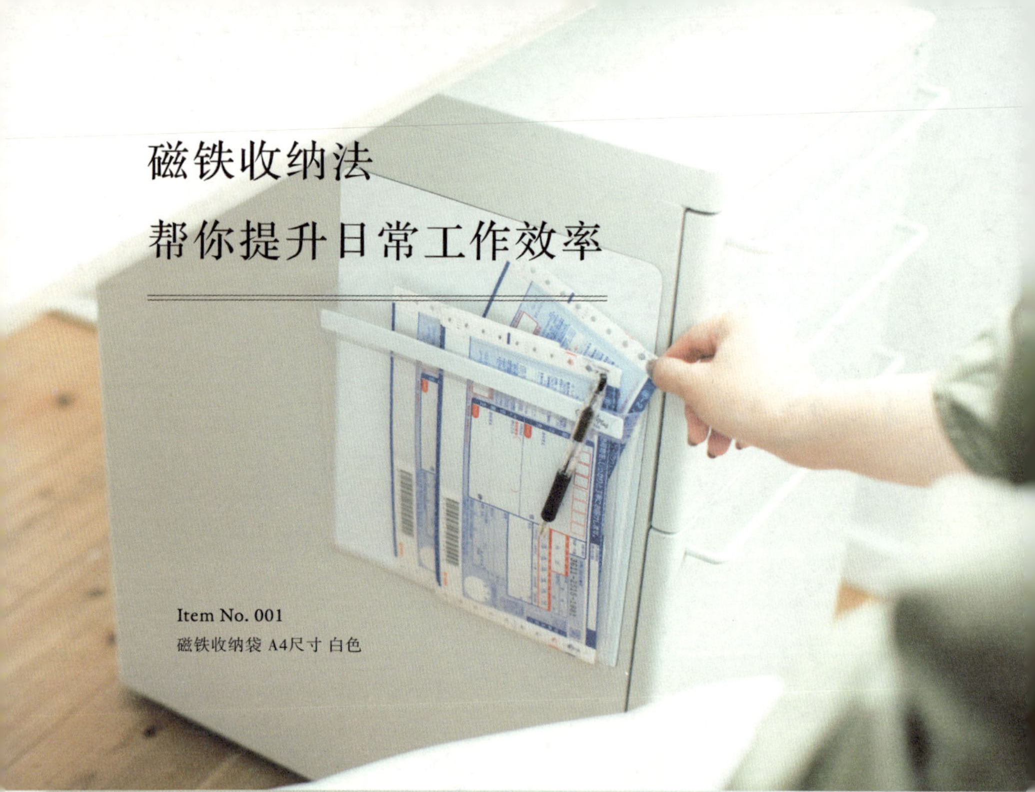

Item No. 001
磁铁收纳袋 A4尺寸 白色

Item No. 002
强力磁铁贴片 4片

把强力磁铁
贴在工具的
背面

经常用的东西要收纳在方便取用、方便归位的地方，这是极简收纳的基本原则。这样一来，就不会出现桌上堆满杂物，无论干什么都束手束脚的情况。

创业之前，我是一家邮购公司的收纳用品策划专员。“尺寸”是这类产品的关键，我经常要掏出尺子量一量。如果把常用的工具放在抽屉里，每次都得特地拉开抽屉去拿，用完了还得拉开抽屉再放回去，非常麻烦。想办法把它们放在抽屉外面，但又不能妨碍自己做其他工作，这才是提升工作效率的捷径。

巧用磁铁，常用工具的取用、收纳便能一步到位。有的办公桌是用磁铁能吸住的材料做的，我们要充分利用这一点，把使用频率较高的工具直接“贴”在桌子或抽屉的侧面。如果你每天要发好几次快递，那就把快递单和笔一起塞进磁铁收纳袋里，找个地方贴好。如果尺子和剪刀是你最常用的工具，可以用胶水把小小的强力磁铁贴片贴在它们的背面，要收纳的时候随手一贴就能搞定，不需要做“塞”这个动作。**想拿就拿，就跟放在桌面上一样便捷**，又不会占用桌面的空间。

将需要存档的纸质文件扫描成电子文档

有些纸质文件可能以后还有用，一时半会儿不能直接处理，可又特别占地方……如果把这类文件和正在进行中的项目资料混放在一起，那可就乱套了，工作效率会明显降低。想要从留存的纸质文件里找些数据也非常麻烦，因为你压根就记不住什么东西放在了哪里……在双重不便的夹击下，效率怎么可能高得起来呢？

把以后可能用得上的纸质文件直接处理掉肯定不合适，我选择**将纸质文件扫描成电子文档保存在电脑里，不留实物。文件名要尽量具体，最好加上日期**，这样不仅便于搜索，还可以迅速找到需要用的数据，**比翻阅纸质资料省事多了**。要是办公室的扫描仪带OCR功能（能够识别扫描图像中的文字），那么连电子文档的内容都是可以搜索的，大家有空的时候不妨研究一下办公室电子设备的功能。

扫描看似麻烦，却能为今后的高效工作打好基础。觉得纸质文件越攒越多的时候，不妨找时间全部扫描成电子文档，否则你就得一直在堆积如山的文件里找东西，要多麻烦有多麻烦。常言道，欲速则不达，**看似费时费事的文件扫描工作，其实是在给未来的自己创造方便**。

如果你实在抽不出时间与精力去扫描，也可以把这类文件装进收纳箱，转移到储物柜之类的地方，让它们暂时远离办公桌（没有储物柜的话，直接放到办公桌底下也可以）。切记，一定要把“封箱日期”写在箱子上。把新旧明确区分开，这样才有助于提升工作效率。假设你对照日期之后发现，自己已经有一年多没有打开过箱子了，也许就会萌生把它们处理掉的念头，连扫描的工夫都省了。

排版打印省纸又方便

能在电脑上看的文件，就不要特地打印出来了，这样能有效减少办公桌上的纸张数量。不过需要用纸质文件进行核查，或必须留存纸质文档的情况还是存在的，所以在日常工作中，我们难免要打印很多文件。如果总共就没几张，打印一下也无所谓，可一下子打印几十张呢？不光费时，还特别占地方。

因此我一定会在打印前调整排版，**把 2 页或 4 页的内容集中在一张纸上**（多合一打印、排版打印等）。要是你觉得每次重新设置太麻烦，也可以把多合一设定成默认打印模式。

排版打印不仅省纸、省时，还能有效削减打印成本，节约收纳空间，好处显而易见。只需更改一次设置，就能省下 1/2 甚至 3/4 的时间与空间，是不是很划算呢！

更重要的是，看“二合一”或“四合一”的资料更容易把握全局，理解内容。需要找某个特定页面的时候，也不用翻太多张纸，能节约不少时间。

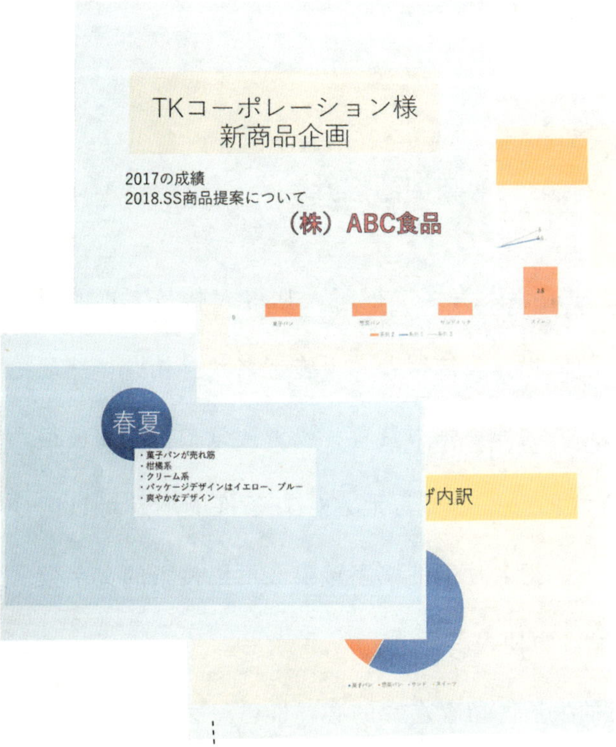
TKコーポレーション様
新商品企画
2017の成績
2018.SS商品提案について
（株）ABC食品
春夏
・菓子パンが売れ筋
・柑橘系
・クリーム系
・パッケージデザインはイエロー、ブルー
・爽やかなデザイン
げ内訳

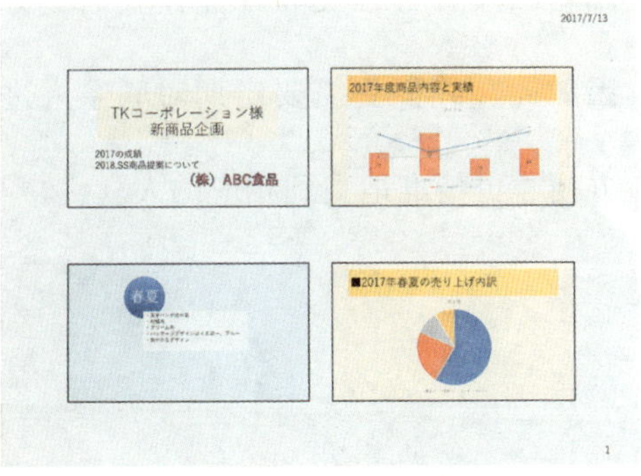
2017/7/13
TKコーポレーション様
新商品企画
2017の成績
2018.SS商品提案について
（株）ABC食品
2017年度商品内容と実績
春夏
■2017年春夏の売り上げ内訳
1

四合一

把名片扫描存档

1 / 如何整理大量不经常翻阅的名片

堆积成山的名片最让人头疼。很多人觉得人脉是宝贵的财富，认为名片不能随便扔，应该留着。干脆把名片存档，虽然从成堆的名片里翻出想要的那一张很费事，或者搜索扫描数据也很费事，但后一种方法的好处是不占地方！有条件的朋友可以用带OCR功能的扫描仪，把名片上的文字转换成可以搜索的文字数据，这样搜索起来就会方便很多。

不过随着时代的发展，留存名片的必要性已经大不如前了。邮箱以及各种社交软件能让我们更方便地找到想要联系的人。正因如此，我们更需要定期对联系人进行整理备注，以便之后能更方便、更精准地找到相应的人。

留下实物

扫描存档

1 筛选出有必要留下实物的名片

如果以“要不要处理掉”为标准，可能会很难取舍。把判断标准改成“有没有必要留下实物”会更容易区分。

2 全部扫描存档

如果名片本来就按行业或首字母分过类，那就分批扫描。若没分过类，随机排列即可。

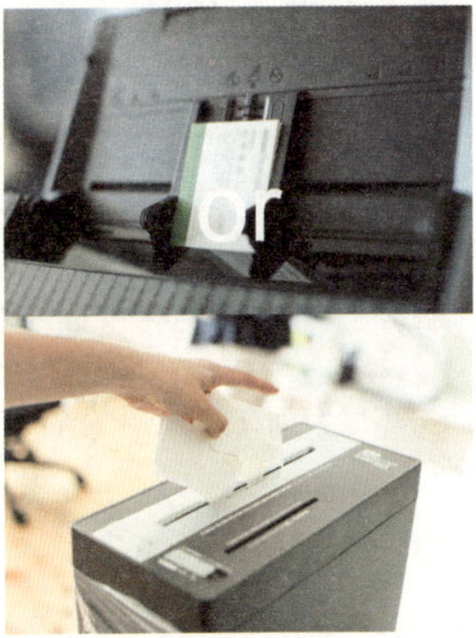

3 用碎纸机处理已经扫描存档的名片

扫描名片的最终目的是处理掉无用的物品，所以不用保留实物的名片要当场送进碎纸机。

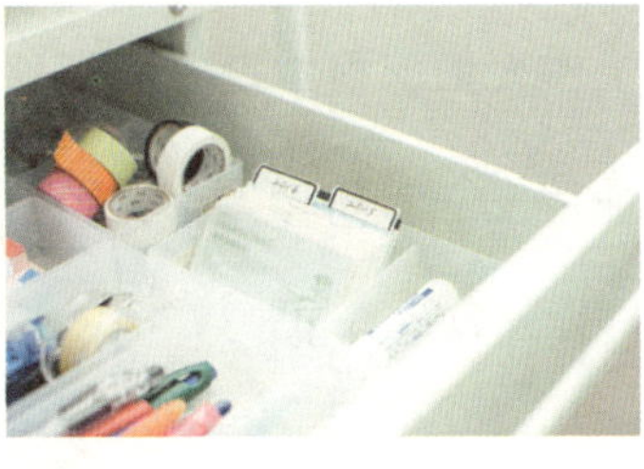

4 把留下的纸质名片放到容易拿取的位置

需要保留的名片肯定都很常用，应该放在抽屉里容易拿取的位置。整理之后，抽屉里就只剩下用得上的名片，查找方便，效率自然更高。

2 / 整理新名片的 3 个步骤

把积攒很久的大量名片全部扫描成数据的确累人，但我们可以给自己定一条规矩——“以后每次拿到新名片，都要立刻转成电子数据”，这样就不怕管理不好名片了，联系方式也会更容易找到。现在手机上有各种各样的名片管理应用，我用的是可以统一管理各类文件与数据的印象笔记（Evernote）。一拿到新名片，我就会打开手机上的印象笔记把名片“拍”下来。收费版名片管理应用的功能更强大，扫出来的 PDF 文件不但能用关键字搜索，而且要找任何信息都能迅速锁定，深得我心。

有的公司管理严格，不允许员工使用第三方服务。有些人则是工作太忙，根本没时间把这类工具研究透彻。如果你也属于这两种情况，不妨参考 P22 介绍的方法，用公司的设备扫描名片，将其保存在电脑里。

1 做笔记

拿到名片后，要及时记录日期、见面场景等识别特征。

2 扫描名片

立刻将名片上的信息转化成电子数据。可以使用印象笔记等管理名片的手机应用或办公室里的扫描仪等。

3 处理掉或放至名片专区

不需要保留实物的，可以用碎纸机粉碎掉。需要保留的，放进抽屉里的名片盒。

小专栏

印象笔记不仅能整理名片，还能统一管理纸质资料

我为什么要用印象笔记管理名片呢？因为它能统一管理所有纸质资料，比专门下载一个应用管理名片更省事。我的印象笔记里有便条笔记、活动通知以及可能需要查阅的资料……搭配Scan Snap扫描仪，就能批量扫描纸质资料，还能自动导入至手机应用。而且它有OCR功能，能用关键字搜索资料的内容。多亏了这些好帮手，我终于能放心大胆地处理纸质资料，再也不用囤废纸了！

Scan Snap Evernote Edition *该款已下架

整理之前先给自己的办公桌构思一句标语

在收拾办公桌之前，大家不妨先想一想自己是为了什么而收拾，试着给自己的办公桌配一句标语。比如，“不需要找东西的办公桌”“不加班的办公桌”“业绩节节高的办公桌”……明确目标有助于提升整理收纳的干劲，而且你会自然而然地去思考应该如何实现这个目标，如此一来，还怕没有好点子吗？

想好标语后，再动手整理。整理的基本原则和家庭收纳一样：先把所有的东西都摆出来，然后把“经常用的”和“正在进行中的”放在取放方便的位置。最理想的状态是闭着眼睛也知道什么东西放在哪儿。另外，决定收纳位置的时候一定要保证取用的动作足够顺畅，比如惯用右手的人就应该把书写用具（笔）放在右侧。

進行中
A社

桌面与脚边

POINT 1

用不写字的手接电话

我们经常需要边打电话边做记录，所以惯用右手的人要把电话机放左边，反之亦然。这样能养成“用不写字的手接电话”的习惯，提高工作效率。

POINT 2

桌上只留正在进行中的文件资料

桌面的空间要留给现在经常用的文件资料，将这些文件资料整理到收纳盒中，放在触手可及的地方，不要随便移动。

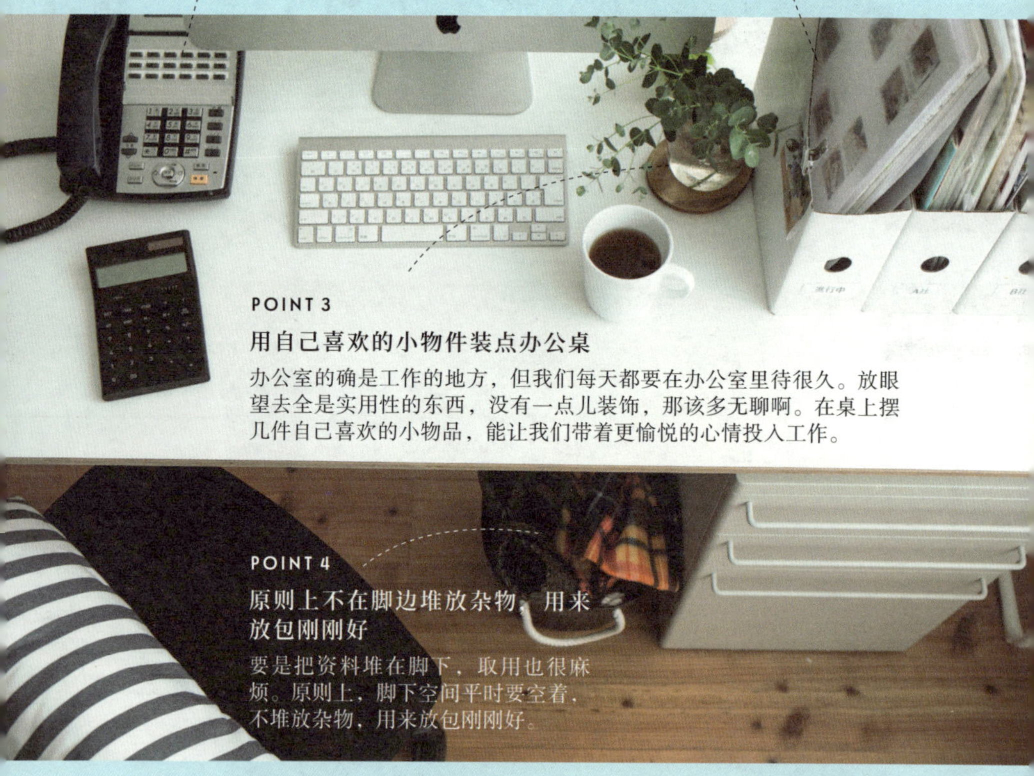

POINT 3

用自己喜欢的小物件装点办公桌

办公室的确是工作的地方，但我们每天都要在办公室里待很久。放眼望去全是实用性的东西，没有一点儿装饰，那该多无聊啊。在桌上摆几件自己喜欢的小物品，能让我们带着更愉悦的心情投入工作。

POINT 4

原则上不在脚边堆放杂物，用来放包刚刚好

要是把资料堆在脚下，取用也很麻烦。原则上，脚下空间平时要空着，不堆放杂物，用来放包刚刚好。

抽 屉 里

上层

常用的东西靠外放，如此一来，将抽屉拉开一点点就能拿到，省时省力。把不经常用的文具放回公用收纳空间，常用的东西会更容易拿到。

中层

化妆包、牙刷、零食等私人物品一律放入这一层，不放任何工作时会用到的东西。只要严格遵守这条规则，公私就不会混淆，这一层不需要用隔板隔开，往里一放就行了。

下层

改造成收纳文件的抽屉。因为叠放不方便取用，建议大家用收纳盒分门别类地竖着摆放。可以把标签贴在坐着也能看得到的地方（比如收纳盒的内侧），这样效率更高。

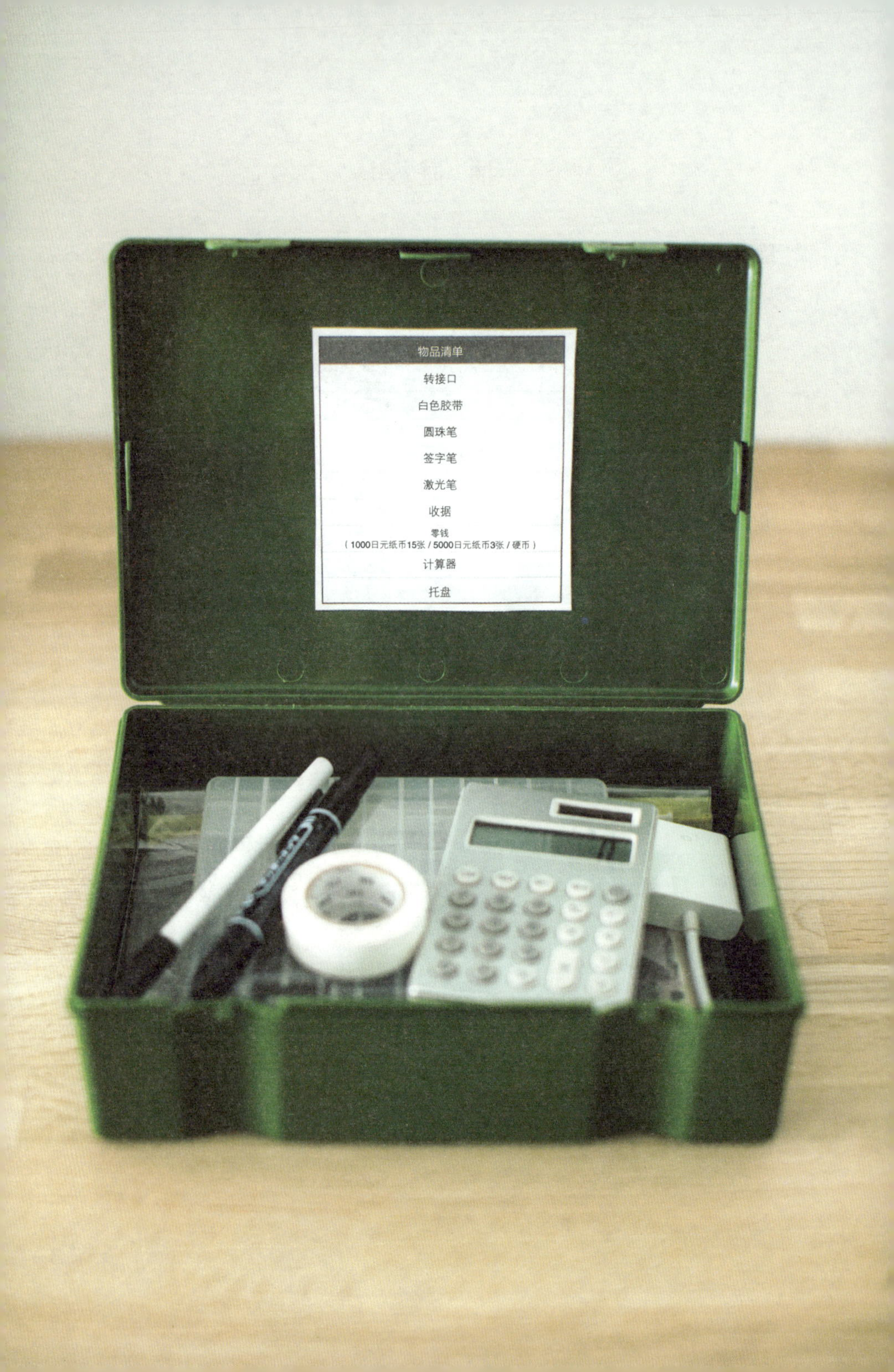
物品清单
转接口
白色胶带
圆珠笔
签字笔
激光笔
收据
零钱
（1000日元纸币15张 / 5000日元纸币3张 / 硬币）
计算器
托盘

把定期作业会用到的物品放到“专用收纳盒”

如果经常出差或者外出举办展会等，可以把定期会用到的物品放在“专用收纳盒”里统一管理。一边拼命回忆“我该带什么来着”，一边翻箱倒柜找东西，那也太痛苦了。如果这种事好几年才碰上一次，临时找一下也就罢了，可要是频率比较高的定期作业，还是**把会用到的物品归到一起，放入“××专用收纳盒”**为好，这样就能有效缩短准备时间。大家可以参考左页的照片，列一张物品清单贴在收纳盒内侧，以便核对有无缺漏。

可能有读者会问：“计算器和胶带我平时也要用啊，怎么办呢？”建议大家可以多买一个。外面放一个，专用收纳盒里放一个。当然，要不要买第二个取决于这件物品的使用频率，就当用“买第二件物品花的钱”换“做准备工作的时间”！

将整理变成每周的例行公事

很多人觉得“等有时间的时候再整理就好”，殊不知这种观念会让你一拖再拖。工作越忙，桌上堆积的杂物就越多，找完这个找那个，工作效率自然会大打折扣。所以，我强烈建议大家把“整理”变成例行公事，养成习惯。

每周一午休结束后的15分钟是我雷打不动的“整理时间”。每周第一个工作日的上午总是特别忙碌，特别是临下班的时候更是手忙脚乱，但午休结束后还是能挤出一些时间的，所以我选择这一天的这个时间段来整理办公桌。记得**充分利用手机的提醒功能，闹铃一响就立刻行动**。从资料、文具到文件盒，再到通勤包，最后清空电脑的回收站，全部整理一遍。当然，哪天忙碌哪天空闲是因人而异的，大家不妨梳理一下自己整周的日程，挑一个不那么紧张的时间段，先把整理的规矩定下来。**养成习惯以后，办公桌的舒适整洁就有了保障**。

每年进行两次大扫除或大整理

每周一次的小整理，难免会有收拾不到位的地方。要整理大量的文件、收拾办公室的公用区域或者打扫平时顾不上的地方（比如把整张办公桌和椅子从头到脚擦一遍），15分钟肯定不够用。我建议大家特意留些时间出来，每年进行两次大扫除或大整理。

如果你总想着等忙完了这个项目再收拾，拖延症就会不自觉地找上门。可是在工作的时候惦记着要去收拾，暗示自己“我得收拾一下啊，不收拾不行啊”，那也很痛苦。所以我们要找准项目告一段落的时候，提前定好“整理大会”的日期与时间，并把它写进日程表，这样就不会纠结了。一个人搞不定的话，也可以拉上同事们一起整理。

经验谈

摆脱桌面整理的烦恼

我在咨询者的办公室实地考察的时候，通过访谈了解到很多有关收纳的烦恼。沟通过后，与咨询者一起筛选物品，规划收纳，力求打造舒心整洁的办公桌！

我遇到的问题是……

K女士

任职于日本东京的出版社，自调到现在这个编辑部以后，一干就是13年。每年负责8～12本书。由于平时需要同步推进好几个项目，会用到非常多的纸质资料，而以前用过的资料堆积如山，总是不知道该在什么时候整理才好。

K女士的办公桌 Before

全局图

桌面

桌子下方

上层抽屉

中层抽屉

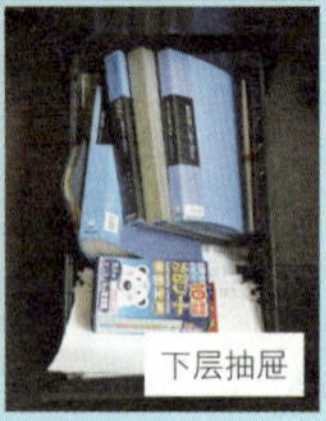
下层抽屉

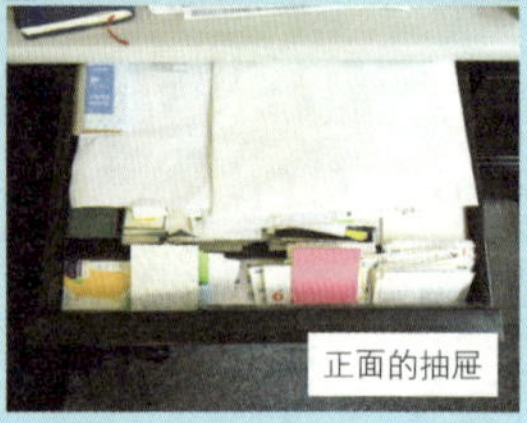
正面的抽屉

关于K女士的访谈

关于日常工作

Emi 您是做什么工作的呀？

K 我是编辑，主要做面向女性读者的实用书籍。

Emi 那您一年下来要负责多少本书呢？

K 8～12本吧。我们平时都是同时推进好几个项目的，所以纸质资料多得要命。通常情况下，与做完的书有关的资料我都会稍微保留一段时间。可拖着拖着，就错过了整理的时机，导致总也处理不掉没用的东西。

办公桌的问题

Emi 那您觉得自己的办公桌有什么问题吗？

K 桌子旁边有一小块空地，我就在那儿放了一个置物架。可是放在里侧的东西特别难拿，无法及时收拾。我总觉得自己没有把整张办公桌的空间利用好，包括放置物架的地方。而且我还攒了很多旧资料没处理掉，这也是一个问题。最近我都有点破罐子破摔了，心想反正都塞在办公桌底下，不是很碍事，就这样吧，算了算了……

Emi 每天的工作都很忙，难免会顾不上收拾。提前留出收拾的时间，养成定时整理的习惯，也是个好办法。

摆在办公桌旁边的置物架

给办公桌想一句标语

Emi 您能不能给自己的办公桌想一句标语，作为整理的最终目标呢？

K 嗯……能有效利用所有空间的办公桌？

Emi 最好再具体一点，比如您想通过有效利用办公桌达到什么样的效果？在这个过程中，您自己又会有怎样的转变呢？

K 更省时的办公桌呢？

Emi 省时了以后呢？再说得明确些，就能让自己清楚地认识到“我不是为了表面上的整洁或者效率在整理，而是在为更远大的目标在整理”，这样会更有干劲。所以请用自己组织的语言，说得更具体一些吧！

K 我总是被截稿日追着跑，干脆把标语定成“不被截稿日耍得团团转的办公桌”好了。

目标是——

打造“不被截稿日耍得团团转的办公桌”

分4步整理办公桌

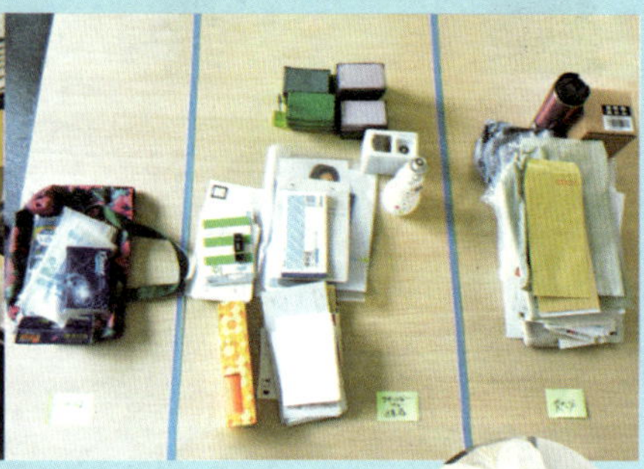

清出的垃圾
装满了两个90升
容量的垃圾袋

1 依次拿出每个收纳空间里的东西

“把东西都拿出来”是整理的基本原则。本次整理从“依次拿出每个抽屉里的物品”开始。塞在信封里的东西也要全部取出来。

2 筛选

将物品分成“正在用的”（左）、“以后要用的/不能扔的纪念品”（中）和“没用的=需要处理掉的”（右）。每个抽屉都要这样过一遍。

3 大致分组

将筛选好的物品分成若干组，放进文件盒之类的容器，大致估算一下总量。K女士决定按“正在制作的书籍”（项目）分类，一书一盒。

4 摆成方便取用的状态

全部筛选好以后，添置必需的收纳用品，按使用频率将物品放置到靠上或靠下的抽屉，靠里放还是靠外放也很有讲究，一切遵循方便取用的原则。

“不被截稿日耍得团团转的办公桌”大功告成

Before

整洁多了！
办公桌更好用了

After

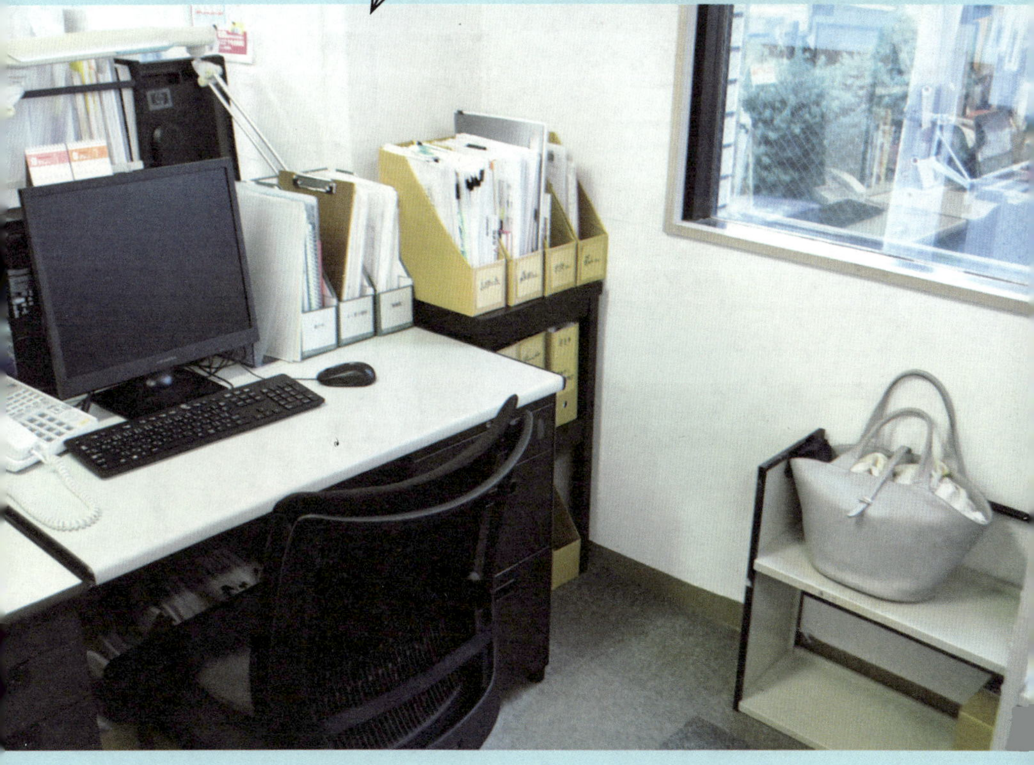

以项目为单位，将纸质资料分别放进文件盒，桌边的置物架也更好用了。翻箱倒柜、拿取归位的时间显著减少，日积月累，自然而然就成了“不被截稿日耍得团团转的办公桌”！

K女士的办公桌After

桌边置物架

之前使用的置物架放在里侧的物品不方便拿取，所以我们把原本用来放包的架子换到了这里。准备好和每个项目对应的盒子，手写标签，简洁明了。就算置物架的深处还有富余的空间，也不要放东西，统一放在更靠外的位置，这一点很关键。

桌面

只摆放最常用的文件。最左边的文件盒是空的单片文件夹专用的，随拿随用，让今后的分类整理变得更轻松。

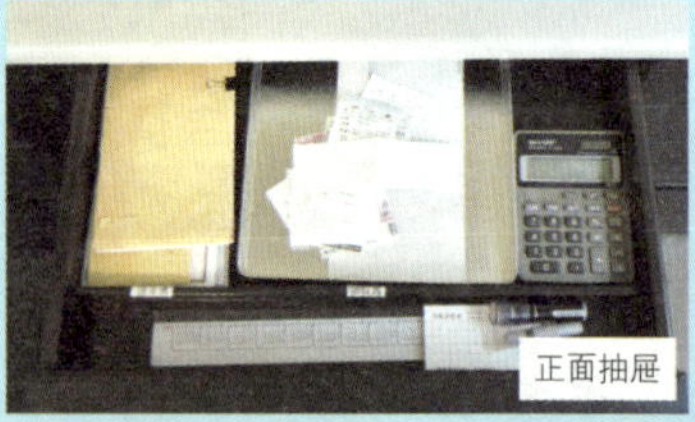
正面抽屉

要拉开这个抽屉，就得先把身子往后挪，比较费事，更适合收纳不常用的东西，比如用于报销的发票、计算器、印章、请款单等。

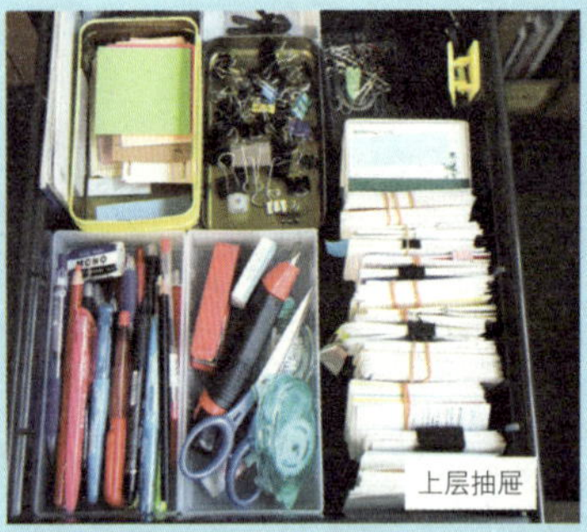
上层抽屉

把原本靠里放的文具挪到外侧。调整后，不用把抽屉完全打开就能拿到想要的文具，复位也比之前方便多了。把名片一张张塞进名片簿太麻烦了，所以要按项目分类，然后用橡皮筋捆起来。当然，扫描存档更方便！

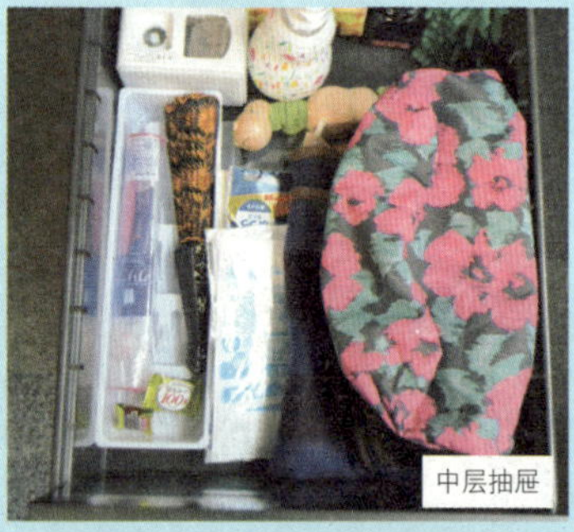
中层抽屉

外出就餐时带的随身包、备用药品、牙刷套装、小零食……这些私人物品原本分散在各处，找起来很费事，现在全都集中在这儿就好办了。

主要收纳需要留存的物品，比如采访笔记、纪念品以及虽然不用但是想保留的名片等。分类标签要贴在坐着也能看见的位置（盒子内侧）。

同样收纳需要留存的物品，但拿出来用的可能性比放在下层抽屉里的东西更低。不能随随便便塞在纸袋里，要专门准备几个文件盒收纳起来。

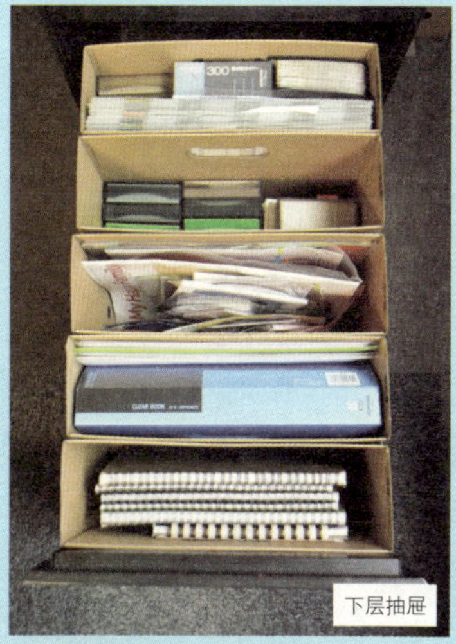

把原本用来放资料的架子挪到跟前，放包正好。

两星期后……

重新整理过的办公桌好用吗?

现在的办公桌特别好用！最大的惊喜是放在桌边的置物架，把原本塞在里面的架子搬出来，再把原来放包的架子换进去，简直太方便了！把之前没充分利用的空间都用上了。改成“一类一盒”以后，收拾起来方便多了，无论是拿资料还是放资料都非常快，节省了不少时间。而且置物架上的文件盒没有被塞到最里面，而是统一放在更靠外的位置，这招也很厉害！这样我就不会随随便便在文件盒前面放别的东西了。

专栏

跟孩子们聊聊工作

“妈妈每天都在努力工作，好厉害呀。我觉得妈妈是全世界最会工作的人。以后也要加油哦！”——母亲节那天，女儿在信里写了这么一段话。从头到尾都在说我的工作！

我的确热爱工作。客户高兴，我就开心。虽然难免有这样或那样的不如意，但我打心底里觉得这条路没选错。

我家的双胞胎很快就要升入二年级了。平时我经常跟他们聊工作：被客户表扬的快乐、与同事们的通力合作、不小心犯的错误以及各种各样的烦恼。我倒不是希望他们理解我的工作，只是想说给他们听听而已。当然，孩子们也会跟我聊他们学校的同学、课间休息时玩的游戏，还有老师是怎么批评他们的。我并不觉得家长只能在孩子们面前展现最完美的一面。细细想来，也许正因为我老实交代了自己犯过的错误，孩子们才愿意跟我交心吧。

很开心的是，儿子也在同一天给我写了一封信：“妈妈，谢谢你一直给我们做好吃的。我以后还想吃！”太好了！他提到我做的菜了！今后我要继续摸索工作、孩子与家务之间的平衡点。

CHAPTER 2

职场女性
提高工作效率的
34 个小技巧

01 成功时用心复盘，将经验用在日后类似的项目上

“这个项目的日程安排十分合理，结果也比预想的更好！”每次做完这样的项目，我一定会留出时间用心复盘。想必有很多人会反省自己做得不好的地方，以便下次改进。但我建议大家不妨**换个思路，总结做得好的地方，思考一下为什么这次能这么顺利**。只要能把成功的原因总结出来，下次不就可以直接套用了吗？

- 在项目刚起步的时候倾注了更多的精力，为创意争取了沉淀的时间；
- 没有一个人扛着，在项目进行过程中征求了同事的意见；
- 大幅提前了交付时间，先把需要委托别人的部分搞定；

……

这样分析一下，你就会有“将成功的经验继续发扬光大”的意识。也许有很多读者是在不断积累经验的过程中自然而然掌握了工作技巧，但**明确成功原因能帮助我们在下一个项目中有意识地运用这些技巧**，这样效果更好，而且立竿见影。

"尽量将工作分解，逐一排进日程表"是我总结出来的工作技巧之一，平时也一直在实践。以制作策划案为例：在邮购公司上班的时候，我不会直接在日程表里添加一个横跨三天的待办事项，而是把大事项分解成"搜集参考书籍""寻找类似的策划案例""和之前的项目负责人商谈""用电脑调整格式"等小事项，然后一项项排进日程表：某月某日上午做这个，下午做那个……如此这般。逐个击破更容易把控进度，而且每完成一项都能感受到一定的成就感，到时候还怕完不成工作吗？

再给大家分享一个安排日程的小窍门：在新年伊始，就定好休长假的时间。有一年，我在年初就定了什么时候去休假，才3月就把机票和酒店都订好了。后来我朝着这个目标提前安排好各项工作，既没有拖累同事，也没影响项目进度，过了一个开开心心的假期。自己创业之后，我依然保留着这个习惯。

02 用办公软件或电子日历共享日程

几年前，我抛弃了纸质手账本，开始改用电子日历。因为电子日历不仅能在所有设备上同步，可以通过电脑和手机随时查看，更有“和同事共享日程”这个最大的优势。所以，我的电子日历**不只会写外出和会议的安排，连我要完成的其他事项也会具体地写在里面**。职场妈妈难免会遇到孩子突然生病，不得不临时请假的情况，有了电子日历，上司和同事就能迅速掌握你的工作进度，免除大家的后顾之忧。

在添加事件之前，不妨先把“到达/离开办公室”的时间填进去。如此一来，你就能通过视觉直观地了解自己的“实际工作时间”，从而提升主观能动性。同事们也能提前知道你什么时候不在办公室，有需要当面洽谈的事情，也更容易确定时间。另外，孩子的家长会、校园开放日之类的活动肯定会提前告知日期，也可以**把这些需要请假的事情全部输入日历**，这样同事们就能心中有数，不至于到时候手忙脚乱。

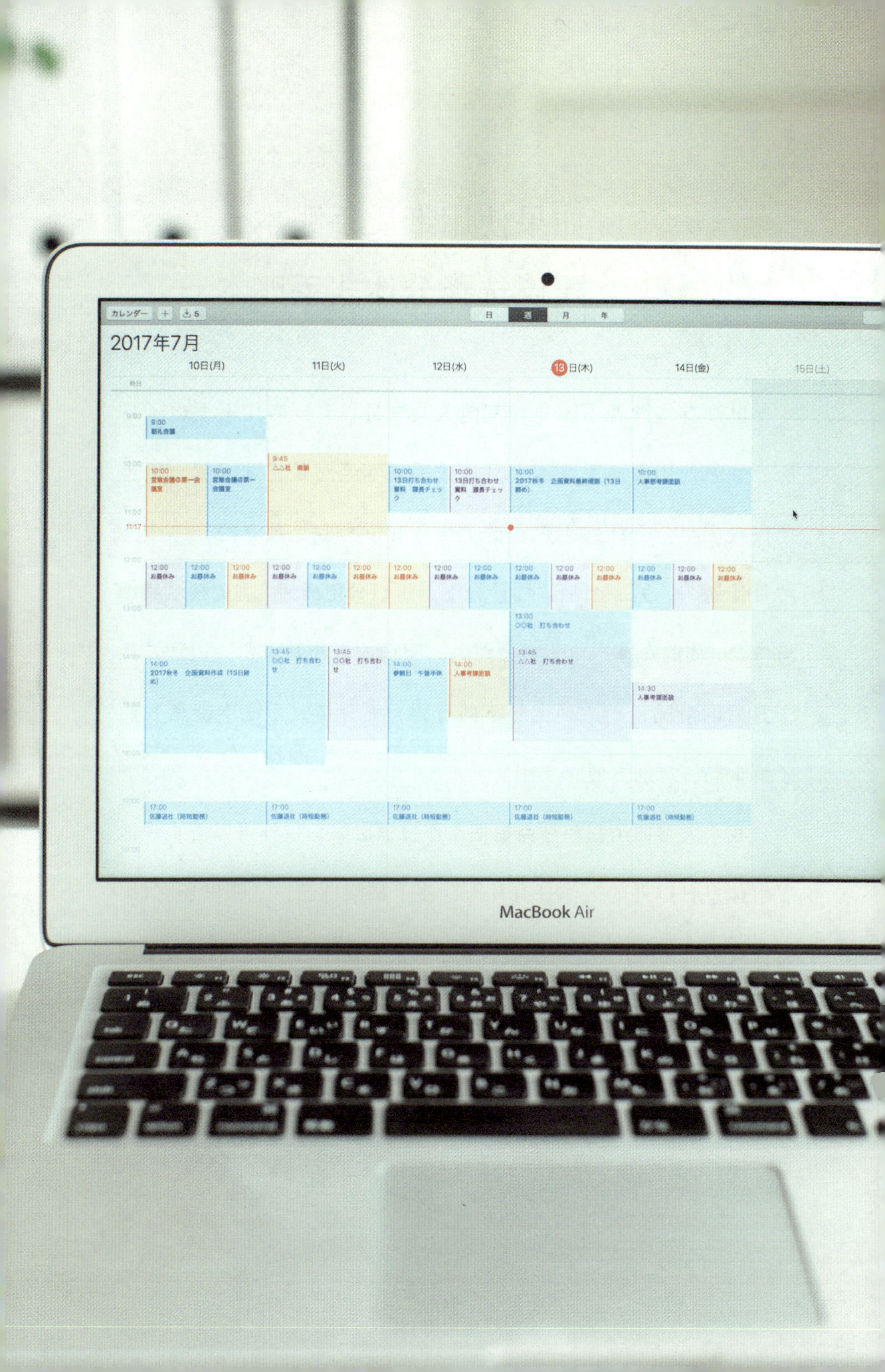
カレンダー
日
週
月
年
2017年7月
10日(月)
11日(火)
12日(水)
13日(木)
14日(金)
15日(土)
MacBook Air

03 如果使用纸质手账本，建议选择分体式手账本

也许有些读者不需要和其他人共享日程，或者用不惯电子日历。如果使用纸质手账本，分体式手账本绝对是首选，我自己也用过很多年。分体式手账本的上半截和下半截是独立的，一个是“月计划”，另一个是“周计划”，可以**分别翻阅，同时确认某个月与某一周的安排**，功能十分强大。职场人士经常需要一边预计几个月后的情况，一边确定眼下的日程，而分体式手账本能帮我们了解全局，特别方便、实用。

我个人习惯**用彩色马克笔把工作日框出来**，这样可以更直观地了解休息日以外的工作日有几天，便于鞭策自己：“哪里还有1个月！其实只有18天了！”另外，我还会在“日计划”部分**用荧光笔把上下班的时间标记出来**。这是为了暗示自己“一定要在这段时间内把工作做完”，以便提升自己对时间利用率的关注度。

Item No. 003

国誉Campus Diary A5

月计划&周计划分体式手账本

04 利用周日晚上的5分钟，为下一周的工作厘清思路

“这周开了个好头！”——每次有这样的感觉时，我都会用心回顾一下自己做了些什么，久而久之就总结出了一个小诀窍：在周日晚上抽5分钟左右的时间，一边浏览下周的日程安排，一边把一整周需要做的事情按优先级罗列出来。

如果什么准备都不做，周一早上直接去公司呢？你还没想好这周要干什么，客户和同事就接连不断地找上门来，然后就是一阵慌乱……还没厘清各项工作的先后顺序就开工了，结果先完成了不着急的任务，却把紧要的抛之脑后。于是你不得不加班，或把工作带回家完成，别提有多低效了。

我也有过这样的经历，所以才坚信**周日晚上的5分钟能改变下一周的工作状态**，进而养成了提前梳理工作安排的习惯。千万别小看这5分钟！工作能否顺利开展，这5分钟的梳理至关重要！

有些事你本想放在后半周做，可是梳理完一整周的工作安排后，你就会发现只有周一才抽得出时间。本想安排在周一早上做

的事情也许不那么紧迫，可以先做别的……在休息日的夜晚，人会比较放松，更容易做出冷静的判断，所以**火力全开的一周离不开周日晚上的5分钟**。

如果你把工作和私生活分得很清楚，不愿意休息日还惦记着工作，那就利用星期一上班路上或者星期五下班路上的时间来梳理一周的工作安排。

05 晨会时告知同事自己今天的工作安排

每天开晨会的时候，我会当着所有员工的面，宣布自己一整天的安排。其他员工也是如此。

为什么非得说出来呢？因为我觉得大家都是集体的一分子，了解其他人手头有什么工作，今天有什么安排，能让各项工作开展得更顺利，创造出更好的结果。听到同事报出一连串的任务，你就会产生这样的念头："小A今天很忙啊，我好像能抽出点儿时间来，要不去帮帮他好了！"如果忙不过来的人是你，也可以趁此机会暗示大家"我的日程排满了"。因为工作离不开团队合作，这个方法一定能发挥积极作用。

不仅如此，明确宣布一整天的安排也是一种自我暗示。把任务说出来，等于在给自己施压，告诉自己这件事是一定要完成的。如此一来，也能让自己保持昂扬的斗志。

就算你的工作不需要团队合作，这个方法也同样有效。哪怕只是和隔壁工位的同事提一嘴，也不会白费工夫。比如：

“今天我要做××活动的海报。”

“好久没整理报销单据了，今天一定要弄完。”

“小C让我准备一份资料，小D让我做一份项目汇报，我今天就做这两件事了。”

经验告诉我，**只要明确宣布自己的目标，人就会特别有干劲**，也不知道为什么。我在开班传授收纳方法的时候，经常会让每一位学员讲一讲回去之后要收拾什么。效果好不好呢？听听学员们汇报的成果就知道了。

如果公司不开晨会，或者没有需要与同事配合的工作，那就看着自己的待办事项清单说：“我今天一定要把这些工作做完！”然后用荧光笔做个标记。简简单单的一个小动作，也能激起你的斗志。

06 把一天的工作时间划分为三个时间段

无论手头的任务是复杂还是简单，我都会把它分解成具体的小事项，然后分摊到各个时间段：上午做这个，下午干那个……一般不太会出现一天之内必须把很多工作全部做完的情况。

为什么呢？可能是因为我这个人没办法整天只做一件事吧。我习惯把一天的工作时间划分成上午、下午和傍晚这三个时间段，然后分别安排不同的任务。我觉得这样更容易集中注意力，以更高的效率完成工作任务，最终结果绝对差不了。

以构思为例，有些人连着构思8小时都不觉得累，而我肯定受不了，所以需要构思的输出型任务（比如写稿子、写收纳班的教案等）都被我安排在午休后。因为需要跟人打交道的事情（比如洽谈、外出、回邮件和电话等）都在上午解决掉了，到了下午就能静下心来动脑筋了。忙到傍晚，大脑肯定会很疲劳，因此我把整理文件、报销等不太费脑子的任务安排在了这个时间段。顺便提一下，我的习惯是到点了就切换，就算某项任务没完成也不会留恋。

当然，要怎么分配工作取决于你的性格与工作内容。有些人觉得早上思路清晰，更适合做需要构思的工作。也有人认为，回邮件和需要见面的任务最好安排在午休后，这样才能给大脑留出充分的热身时间，提高工作效率。但是，“**把一天划分为三个时间段，有意识地分配合适的任务，有助于提升工作表现**”应该是大多数人的共识。

如果你还没有摸索出最适合自己的时间分配方法，不妨回顾一下自己觉得工作特别顺利的一天是怎么安排的。早上到办公室以后最先做了什么？输出型任务之所以能顺利完成，是不是因为那个时间段特别合适？只要细细琢磨一下，你就一定能制订出最适合自己的工作时间表。

07 在商定时间的环节尽可能掌握主导权

职场人士经常会遇到需要通过发邮件或消息商定时间的情况。

A：“我想在9月安排一次关于××项目的会谈，您觉得哪天合适呢？”

B：“除了20号和25号都可以。”

A：“那23号或24号怎么样？哪个时间段您比较方便呢？”

B：“最好定在上午吧，实在不行我也可以调整。”

A：“24号上午可能有点困难，要不就23号上午吧。”

B：“好，从上午10点开始可以吗？地方定在哪里呢？”

……

这是一个很典型的反面案例，两个人都在为对方着想，为了让对方选一个好时间操碎了心，来来回回发了好几封邮件。也许发不了那么多消息，但一两个来回都定不下来应该是普遍情况。**所以，为了缩短沟通时间，我会尽可能在邮件中掌握主导权**。例如：

我：“我想安排一次关于××项目的会谈，请问9月25日或26日您是不是方便？如果可以，就定在其中一天的早上10点，在××咖啡厅见面吧！如果这两天都不行，能麻烦您挑几个方便的时间给我选吗？”

对方：“这两天还真是不太方便，不过我24日全天都可以，27日下午也没问题。”

我：“那就24日上午10点，××咖啡厅见！谢谢！”

即使每封邮件再短，来回发好几封也很浪费时间。在第一封邮件中直接给出若干个具体的方案，对方就能用“可行”或“不可行”来回答了。若实在不方便，对方也会在回信里给出具体的提议。双方都尽可能做到简明、具体，便能有效减少邮件的往来次数。

如果有好几个日子可以选，我一定会选最早的那天。因为经验告诉我，提前出击，早做打算，能带来更好的工作成果。

08 根据自己的身体状态安排一个月的工作

每个月总有那么几天状态特别好，也总有那么几天昏昏沉沉提不起劲来……各位女性朋友是不是跟我一样呢？其实啊，这是女性特有的身体节奏在作祟。而且我感觉不少人的身体状态波动是有一定规律的。我的状态是后半个月比前半个月更稳定一些，状态不好的时候，心情容易烦躁，一点点小事都做不好。状态好转以后，就连皮肤都有了光彩，需要跟人见面的时候也更有自信。

摸清了身体的“小脾气”，你就能**提前安排好一整个月的工作，不至于事到临头手忙脚乱**。当然，很多事情是无论如何都要完成的，不能把身体状态放在第一位，但那些能自己安排日程的工作还是可以调整的，如此一来也能开展得更顺利。

以我自己为例，我会把需要出门或见人的工作（比如外出洽谈、给收纳班授课等）尽量安排到后半个月，因为那段时间的身体状态比较好。前半个月主要做一些需要待在公司里踏踏实实完成的工作（比如和同事开会、写稿件等）。

看到这里，可能会有读者觉得我太任性，殊不知我其实是怕给别人添麻烦，想要最大限度地提升工作质量。**在安排日程的时候充分考虑自己可以预见的身体波动状态，往往利大于弊**。

09 估算同类型工作的耗时，以便之后合理安排时间

假设我们把同样一项任务摆在两个人面前。一个人觉得："这个工作量踏踏实实做一天肯定能完成。"另一个人却心想："不知道要花多少时间呢，还是赶紧做吧……"如果他们都完成了这项任务，你觉得哪个人的"一天"过得更充实呢？也许有读者会说，反正结果都一样，管他心里是怎么想的呢。

前者能估算出大致的耗时，心态自然平和，每一个环节都能以平常心对待，肯定不会心急火燎，自然也不容易出错。而后者就不一样了，他不知道今天能不能搞定，心情始终焦躁不安。"要不先把明天必须要做的事情先做了吧……"满脑子都在纠结先干什么，后干什么，一着急就容易马虎，即使真犯了错误也察觉不到。因此，虽然两个人都在一天内完成了任务，可是结果肯定大不相同。

如果我能预见到自己今后要完成同样的任务，一定会**对大致的耗时进行估算**。以包装商品为例，我会先做30分钟，然后数一数总共包了几件，这样就能估算出包完剩下的需要多少时间。最后再计算一

下包装100件需要几个小时，以便用作以后的参考标准。写一篇博客需要的时间我也测算过，知道自己的速度大概是30分钟一篇以后，我会在安排日程的时候留出30分钟的空当，这样就能不慌不忙地写了，也不至于提前很多时间写完，在下一个待办事项开始前不知道该干什么才好。

请大家注意，估算千万不能凭感觉，最好实际测一测。经验告诉我，凭感觉估算时间是很容易多算的。明明是4个小时就能做完的事情，稍不留神就估算成了6个小时。做着做着发现时间有富余，人难免会拖沓、磨蹭、分心。可如果提前结束，就会产生碎片时间，无所事事。因此，**越是常规工作，越是应该仔细估算耗时，这样才不容易浪费时间**。大家不妨也掐个表测算一下吧。

10 项目推进过程中要随时商量，做不到完美也无妨

在前公司做家居收纳用品策划专员的时候，我结识了一位特别厉害的前辈。他每天都过得游刃有余，从不会给人留下“忙得团团转”的印象，却总能把活儿干得漂漂亮亮。“为什么前辈的工作表现那么好？”抱着这样的疑问，我仔细观察了一下，希望能借鉴他高效的工作方法。

通过观察，我发现前辈总是在方案还没有完全敲定（完成度只有20%～30%）的时候就找上司或同事商量，征求他们的意见。而那时的我还很年轻，不好意思把还没推敲好的点子说出来；另外，我当时坚信，先在心里把方案酝酿到完美再找人商量才是正确的做法，所以当我察觉到前辈的做法时，颇有些醍醐灌顶的感觉。

自己推敲出来的“完美”未必就是真正意义上的“完美”，还不如在草案阶段先提出来，找人商量一下，这样也能了解各方面的不足，成品的水准也会更高。要是你一开始就把方案全部构思好了，即便事后有人提了非常精准的建议，你也只能做一些流于表面的微调。

真要做大范围的改动，会浪费大量的时间。

想通这一点后，我就调整了工作方式，**在把方案推敲到自己心目中的“完美”之前，先把草案抛出来请示上司，征求同事们的意见**。如此一来，不仅能及时发现方案的不足，迅速调整方向，不至于沿着错误的道路越走越远，而且别人贡献的建设性意见也能提升策划案的深度。真是百利而无一害！

资料做到一半的时候，也可以跟上司或同事讲一讲自己的思路，说不定能问出新的需求来。等交上去了才发现资料没做到位，说不定你会抱怨对方：“你怎么不早说啊！”对方也可能会埋怨你：“你怎么不先跟我商量一下呢！”所以，中途商量不仅有助于**显著提升时间的利用效率，取得更好的工作成果，人际关系也不容易出现问题**。

11 轻松生活才能游刃有余地工作

满脑子想着“如何提高工作效率”，每天都在努力改进，却没有时间思考“如何提高做家务的效率”……各位读者是不是也有这方面的烦恼呢？那么，我要告诉大家，生活与工作有着密不可分的联系。

每天的家务变轻松了，对工作大有助益。家里很快就收拾干净了，你每天早上都能从容不迫地出门，一到办公室就能怀着爽快的心情投入工作。同时，你还能留出时间来做美容，呵护身心，消除疲劳，为全力以赴拼事业奠定基础。总而言之，非工作时间也要省力、高效。我坚信，**生活一旦步入正轨，工作也一定会充实起来**。

这几年，有越来越多的女性朋友想把每件事都做到尽善尽美，在外要忙工作、干事业，回到家要做家务、照顾孩子。实不相瞒，我刚休完产假回归职场的时候也特别拼，甚至把身体都拼垮了。好在我后来及时“刹车”，慢慢平衡工作和生活的时间安排。在这个过程中，我深刻地意识到，时间是有限的，必须分清每件事的优先级，抓大放小，合理安排。

“现在应该做什么？哪件事的优先级最高？”

“为了提高效率，我可以把哪些家务活儿舍弃掉？”

“要不要让老公或孩子多帮点儿忙？”

这些年来，我一直在思考这些问题，想办法提高非工作时间的效率。

很多人觉得让自己过得更轻松、更省力是在偷懒，从而背上思想包袱。可是要创造更多的成果和价值，就得想办法提高工作效率。既然如此，**为了把精力集中在“工作”与“陪伴家人”这两件重要的事情上，抓大放小就绝不是偷懒**。

在家务方面放低要求也很重要。只要自己和家人过得舒服就行，不必死抠细节，做完美主义者。充分利用各种家务小帮手——智能家电，当然，让老公或孩子帮忙也不错。不必照搬父母辈的做法，事事都要尽善尽美，杂志上介绍的方法也不一定适合你家的情况，因此做不到完美也完全没必要自责。

12 想办法让家务变得省时省力，更有利于专注工作

“要追赶时间，不要被时间追赶。”——这是我的一贯宗旨。所以我在家务方面也是想方设法省时省力，不让自己围着家务团团转。

以洗衣服这件事为例，我每天睡前会把脏衣服丢进洗衣烘干一体机里，打开定时模式，设置成“次日早上6点洗好烘干”。当然，需要晾晒的衣服最好不要这样设定。像内衣、毛巾和孩子的便装这种不怕皱的物品，直接用洗衣机烘干即可。换句话说，我节省了晾晒的环节。至于那些一定要晾的衣服，我会把它们挑出来单独处理，这样就能省很多事了。

要让家务变得更轻松，“例行公事”是一个关键词。起床后，先把烘好的衣服分门别类地放好，然后泡咖啡，煮一壶够喝一天的大麦茶——这是我每天早上的“例行公事”，已经可以惯性操作了，完全不用纠结下一步要干什么，整个过程如行云流水，省时省心。**就算我困得昏昏沉沉的，也能有条不紊地搞定这些家务，绝不会浪费时间**。

每天开洗衣机就是根据这套思路养成的习惯。就算今天要洗的

衣服比较少，我也会照常开机。为什么这么做更省事呢？因为一旦纠结今天要不要洗，人就会停下来不动。而且一天不开机，第二天要洗的衣物肯定会比平时多，让你无法按平时的步调处理家务。所以，“每天洗”看似麻烦，却是个更省事的选择。

让家务变轻松的办法还有很多。比如，找个时间把一星期要用的蔬菜都切好；调整心态，不要对自己要求太高，告诉自己一家人开开心心过日子最重要……如此一来，你一定能把更多的精力集中在工作上。

不折叠、不晾晒

衣服不是非叠不可的，把晾干了的衣服连衣架一起收进屋里，往衣橱里一挂就可以了。而且衣服也不一定是非晒干不可的，内衣和毛巾之类的衣物完全可以用烘干机，这样就能节省晾晒的时间。

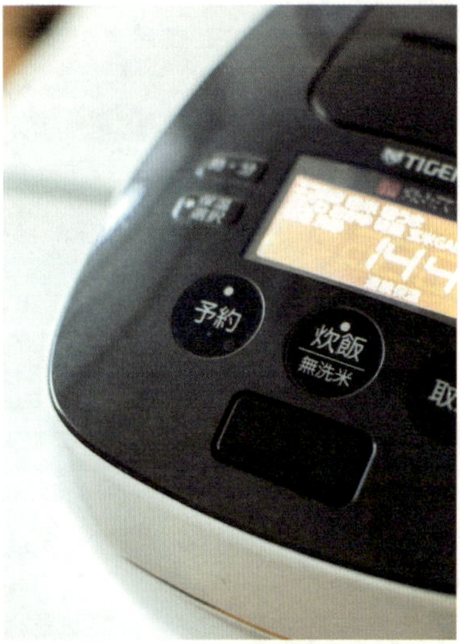

巧用预约功能

一到饭点，热腾腾的米饭就出锅了；到家一看，洗澡水已经加热完成了；早上一睁眼，衣服全都洗好烘干了……家电的预约功能可以将这些全部变为现实。只要提前设定好，一切都能按你的时间表来，再也不会有“被家务追赶”的感觉了。

提前备菜，分装保存

从冰箱里拿出各种蔬菜，要用多少就切多少，再把剩下的塞回去……每次准备晚饭，都要把这套流程走一遍，真是太麻烦了。所以我养成了在每周日把一星期要用的蔬菜全部切好的习惯，然后按用量分装，一天一包。如此一来，无论是煲汤还是煮咖喱，都能迅速搞定。

常用一次性饭盒

带饭的朋友都知道，光是提前准备饭菜就很累人了，更别说要把饭盒、筷子、便当袋全部收拾、清洗干净有多麻烦了。所以我经常用一次性饭盒，这样就可以节约清洗收拾的时间。虽然不能天天偷懒，但至少可以偶尔喘口气。

13 挑选办公用品时，以方便、实用为标准

Item No. 004~006
（左起）
斑马油性记号笔（细）
无盖印章 jointy-j9
索尼U盘 USM-U系列

对日本人而言，印章是一种使用频率很高的办公用品，而照片里的“无盖印章”是我碰巧发现的宝贝。不瞒你说，我一看到它，便不由得感叹：“谁想出来的啊！真是太厉害了！”可别小看了“无盖”这个细节，**虽然省下的时间算不上多，但能省一点也是好的，而且积少成多能减轻不少工作负担**。

除了印章，照片里的油性记号笔和U盘也是没有盖子的款式。轻轻一按就能用，而且不用担心盖子会“离家出走”，所以我会尽可能选择无盖的产品，连笔都是清一色的按压款。

希望各位“文具选择困难户”能**从每天都要用的东西着手**，选择最省时省力的产品。每天要用好几次剪刀的人，就买一把足够锋利、握着舒服的好剪刀。经常会用到红色和黑色圆珠笔的朋友可以买一支“二合一”的笔试试看，这样就不用换来换去了，工作效率说不定会直线上升呢。

逛文具店的时候，大家不妨以省时省力为标准，好好探索一下，兴许会有新的发现，日常工作也会多出几分期待与乐趣。

可擦圆珠笔

可以擦掉字迹的圆珠笔！多么具有划时代意义的商品。这种圆珠笔的笔芯使用的油墨比较特殊，遇热会褪色，所以用橡皮头擦一擦就没了。而且可以选择的颜色越来越多，还有“四合一”、荧光笔之类的款式。另外，要想快速擦除大面积的字迹，可以购买专用的橡皮擦。

Item No. 007
（左起）百乐可擦荧光笔 SFL-10SL
百乐四色可擦圆珠笔 4LKFB-80EF

带登山扣的圆珠笔

眼看着就要开工了，却发现全身上下一支笔也没有，急得满头大汗……大家有没有类似的经历呢？把这种带登山扣的圆珠笔挂在钥匙圈或包上，就不会出现“笔到用时方恨少”的情况了。送人也很合适，我就经常把它当作谢礼送人。

Item No. 008
byLoFt 带登山扣的圆珠笔

带印章垫的印泥

需要用印泥盖章的时候，这款产品就能派上大用场。因为它的盒盖能当印章垫用，不用另外再准备一块垫子，超级方便。

Item No. 009
带印章垫的印泥

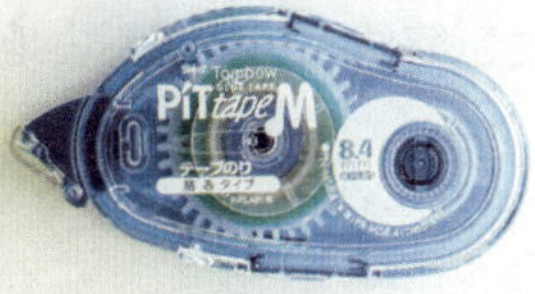

卷轴胶带

胶水和胶棒有时候会渗到纸张的背面，稍不留神还会沾到手上，桌面也会变得黏糊糊的。卷轴胶带完美解决了这些问题，轻轻一划就搞定了，盖子开合方便，真的很好用。除了普通的“强力黏合型”，还有“临时固定型”可供选择，胶条随时可以撕掉，深得我心。

Item No. 010
蜻蜓卷轴胶带 PiTtapeM

14 在公司里走动时随身携带能立住的内胆包

在自己的工位办公时，忽然想起充电器还放在包里，只能特地跑回更衣室拿；在会客室洽谈的时候要用尺子，却发现尺子还在抽屉里……想必这些情形不少人都遇到过吧。**就算你把包放在手边，每次拿起来一通翻找也很低效**。

怎么办呢？准备一个内胆包吧。把**需要随身携带的东西统统装进去**，再也不用担心换包的时候丢三落四了，在**公司走动时也能用上**。每天早上一到办公室，就把内胆包拿出来往办公桌上一放，然后就可以进入工作模式了。去开会的时候随手提上，想忘带东西都难。建议大家选择能自己立住的款式，不仅取用方便，简约大气，还不占地方。

用透明单片
文件夹收纳

16 用笔记本记录待办事项清单

如前所述，我会用电子日历管理日程，但待办事项是写在笔记本上统一管理的。与其把便条贴得到处都是，还不如全都写在一个本子上，公务、家事一览无遗，这样更符合我的行事风格。但是把好几个项目的待办事项和私事混着写，思路难免会混乱，所以我会把左右相邻的两页分成8栏，各写各的。每次重新画线也很麻烦，干脆每页纸竖着折两下，弄出折痕，每周用相邻的两页刚刚好。每想到一件下周要做的事情就能立刻写下来，这也是用笔记本的好处之一。

待办事项清单肯定是越短越好，所以几分钟就能做完的事情（比如发一封很短的邮件）我一般不会写上去，而是本着“写之前先动手”的原则迅速搞定。

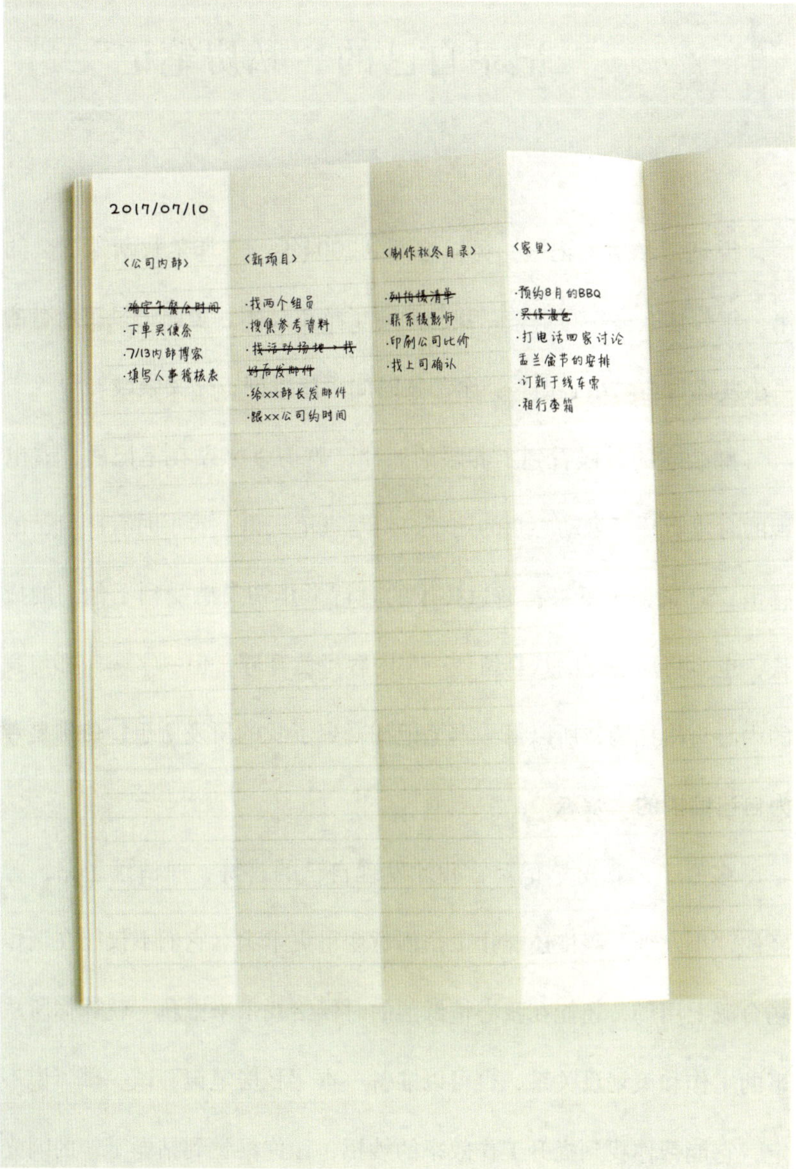
2017/07/10
<公司内部>
·确定午餐会时间
·下单买便条
·7/13内部博客
·填写人事稽核表
<新项目>
·找两个组员
·搜集参考资料
·找活动场地，找好后发邮件
·给××部长发邮件
·跟××公司约时间
<制作秋冬目录>
·列拍摄清单
·联系摄影师
·印刷公司比价
·找上司确认
<家里>
·预约8月的BBQ
·买保温包
·打电话回家讨论盂兰盆节的安排
·订新干线车票
·租行李箱

17 记录自己的“私房笔记”

说到“私房笔记”，可以追溯到2004年——那是我踏入社会的第一年。这么多年写下来，我已经写了整整58本，里面记录了所有的“小发现”与“小心动”，全都按时间顺序排列，无关领域。

翻杂志的时候看到了养眼的照片，就剪下来贴在笔记里；看电视的时候听到了触动心弦的句子，就写进笔记里；看书时有些自己的感悟，赶紧记录下来；通过孩子的言行举止切身感受到了他们的成长，也要将那一刻的欢喜留住……内容虽然零碎，但一字一句都与我的内心直接挂钩，所以每一本笔记都凝聚了我的所爱所想，仿佛是专为自己编撰的“杂志”。

多亏了“私房笔记”，我才发现自己的喜好，厘清了思路，曾经的“小发现”兴许还能让工作创意变得更丰满。它们不仅能在工作场合派上用场，还能在我心情低落的时候给我带来慰藉。就算你所从事的工作和策划没关系，也可以准备一本“私房笔记”试一试。说不定，它能帮你找到提升工作效率的妙招，让你察觉到枯燥工作的闪光

点。做销售的朋友也可以用“私房笔记”积累话题和谈资。真的，三百六十行，行行都能用！

18 感觉烦闷压力大，就把心事统统写出来

事业遇到了瓶颈，人际关系出了问题……遇到这种情况，找朋友倾诉一下当然是个好办法，但我会拿出之前介绍过的“私房笔记”（详见P78），翻到空白页，把“烦恼”这个词写在正中间，然后画好几个圆圈把它框起来。接着就**像玩联想游戏一样，把烦恼的原因一条一条列出来，再让思维进一步发散，想到什么就往纸上写什么**。这种写法好像能让思维更加灵活，和“从上往下写”相比，能联想到的范围会更大一些。这是我参考图形思维工具——“思维导图”研究出来的办法。

写着写着，你就会发现自己的心境变平和了，思路也越发清晰了，特别神奇。说不定重新梳理过全局之后，你便能灵光一闪，想到解决烦恼的办法，或是让创意更上一层楼的好点子。

为什么要写在“私房笔记”上，而不是随便拿一张纸来写呢？这是为了方便日后回顾。回过头来看看当年的心事，便能切身感受到自身的成长，甚至会产生这样的念头：“我居然为这种小事烦恼过

啊？”然后你也能借机给自己加油鼓劲，自我暗示“现在的烦恼就是下一次进步的跳板”。思绪的起点也许是消极的，但终点必须是积极的，要及时落实到具体行动上，这一点很关键。日积月累，你的心理素质肯定能上一个台阶，处理什么样的问题都能游刃有余。

19 将常规工作流程化

遇到今后需要定期完成的常规工作时，我一定会专门留出时间，把整套流程整理出来。

比如说，我们公司的实体店不是天天营业的，每个月只开几次。如果是每天都营业，同事们肯定能自然而然地记住准备工作的操作流程。可每月只开几天，大家难免会有些不得要领。一边琢磨该怎么做，一边干活，速度怎么可能快得了呢？所以我**把开门前要做的事、要检查的项目全部列成清单，整理出开店流程**。如此一来，大家就能一边对照清单，一边麻利地完成各项准备工作，不用纠结下一步该做什么，还能防止遗忘和疏漏。流程化还有一个好处，那就是无法亲自上阵的时候，你可以请同事拿着清单做准备，交接工作也容易很多。

假设公司让你负责筹备每月的例会，你可以这样做：

- 把敲定日程之后立刻要做的事列成清单（预约会议室、给相关人员发邮件等）；

- 把需要联系的人列成清单（如果条件允许，建一个例会专用的邮件列表）；

- 把每次都会用到的东西列成清单（例如要用30个纸夹，如果条件允许，可以准备一个专用的收纳盒）。

写在笔记本上也行，使用电脑的便笺功能也行，做成Excel文档也可以，直接用手机应用当然也没问题。存放清单的位置、列清单的方法并不重要，关键在于**统一写在一处，以便随时翻看**。把这些清单都列好，以后对照它们做准备就是了，完全不费脑子。当然，有些事情就算你不写进清单也能做到，可每次筹备都要让头脑高速运转，那多累人啊！每次都要特意写便条提醒自己也很费事。省掉这些环节，能节约不少时间，更不会事到临头了才发现："啊！把××忘了！"

要是哪天研究出了更好的方法，就及时给流程升级。这样就能保证每次的准备工作都能以最高效的方式稳步推进，而且整个过程都能惯性操作。

20 利用5分钟的碎片时间，完成提前列好的琐事

工作再忙的人，也会遇到突然多出5分钟碎片时间的情况，好比洽谈提前结束的时候，或是等上司给反馈的时候。

可是5分钟实在太短，来不及开启下一项任务。是**把碎片时间充分利用起来，完成一些早就想好要做的事**，还是什么都不做，只是呆呆地看着时间从指缝溜走？一个人工作效率的高低，在很大程度上取决于他对待碎片时间的处理态度。

碎片时间总是来得很突然，事到临头再琢磨“我该干点什么呢”肯定来不及。不等你想出个所以然来，5分钟就过去了。所以，我建议大家**把能用5分钟碎片时间搞定的事情提前列成清单**。

例如：

- 整理钱包里的报销票据；
- 重新理一遍待办事项清单；
- 大致收拾一下桌面；
- 给新加的项目联系人加备注。

如果有了5分钟的空闲时间，你想做什么？有什么事情能在5分钟内搞定？把这些事一条一条列在便条上，贴在手账本或者电脑上，就能在碎片时间到来的时候对照清单立刻动手了，不至于浪费宝贵的空当。也可以再列一张单子，专门写上需要用30分钟空闲时间来做的事情。第一次尝试这种方法的读者朋友可以从最简单的做起，在下一个5分钟空当来临时，将5分钟内能搞定的事列成清单。

我的清单以需要动手做的事为主，因为比起操作电脑和手机，实际动手更有益于调节情绪。

21 早晨开工前的“例行公事”，帮你找回平时的自己

不知道各位读者早上到公司以后会先做哪些事呢？我建议大家把这些事项逐一写出来，然后仔细分析一下。因为把下意识要做的事转化成文字，可能会带来全新的发现。比如说，如果你有一到办公室就去茶水间泡咖啡的习惯，不妨顺便再干点别的。也许一个微不足道的小动作，就能让开工前的准备工作变得更顺畅。把最高效的流程写在便条上，每天早上都能“照章办事”。

习惯之后，整套流程都是惯性操作，自然能够节省时间。但“例行公事”的好处不仅仅是这样。其实，按常规流程执行常规任务本就有助于舒缓心情。无论你是临出门时跟家人大吵了一架，内心十分烦躁，还是因为有一场很重要的报告要做，内心特别紧张，早晨开工前的“例行公事”都能帮你慢慢找回平时的自己，为接下来的一天开个好头。

开电脑
泡咖啡
查看个人邮件
给需要回复的邮件加星标
简单的邮件立刻回复
看食品行业报
核对昨天的销售数据
确认今天的日程安排

22 发照片或电子文档时，善用无线网络传输工具

工作中，时常需要把手机拍的照片发给同事当参考资料，或是一边跟客户洽谈，一边把手头的参考资料发给对方。换作以前，大家肯定会说："回头我发邮件给你，记得查看附件哦！"然后，资料或照片得等一段时间才能到手。如今时代不同了，我们现在可以**通过蓝牙共享照片与各种资料，随发随看**。虽然双方都需要提前设置一下，但发送频率比较高的话，现场用蓝牙传送绝对比事后发邮件省力。

用苹果电脑、手机的朋友可以用隔空投送功能（AirDrop），Windows系统的电脑可以用蓝牙，收发文件都很方便。而且我们还能用这些工具**在自己的电脑和手机之间传输文件**。即便只是为了方便自己，也值得一试。

ABCDEFG

NOTE
ニュースレ
タイトル
はじめに
筆者名

23 需要提交的资料尽可能归纳在一张 A4 纸上

很多公司会在新人刚入职的时候反复强调："需要提交的资料要归纳在一张A4纸上！"这也是最基本的工作常识之一。可是真正时刻牢记这一点，并且在工作中贯彻执行的人其实很少。我也经常拿到洋洋洒洒好几页的资料，不由得感慨："要是能把资料归纳在一张A4纸上，那该有多好啊！"

在我看来，制作资料和收纳有很多共通之处。什么都想留着，都往收纳空间里塞，或许能塞下，可是塞得满满当当的收纳空间肯定会变得特别难用。不妨把所有物品筛选一遍，只保留真正必要的，这样就能一眼看清什么东西放在哪里，取用、归位都省事。

制作资料的思路也是如此。**把想说的话、想到的点子统统写上，啰啰唆唆扯了好几页的资料，就跟塞得满满当当的收纳空间一样**，看似全面周到，却模糊了重点，导致看资料的人无法准确地抓住你真正想要传达的主旨。好不容易整理好的资料与策划案无法发挥出它应有的价值，那该多可惜啊！

在旁人眼里，只交一张A4纸可能有偷懒的嫌疑，殊不知归纳出一张简明易懂的资料比直接提交厚厚一沓纸难得多。只要时刻提醒自己“要归纳在一张A4纸上”，朝着这一目标逐步削减不太重要的内容，你的思路便会在这个过程中逐渐清晰起来，主旨也会越发明确，一定能做出更容易让对方抓住要点的资料来。这样的资料绝不会浪费对方的时间，工作成果自然也能上一个台阶。

在工作中，A4纸是最常用的纸张规格，无论是自己还是对方都不存在收纳不便的问题。而且资料的张数一多，打印起来就很费时间，成本也高。就算是发邮件，太大的附件也会给对方造成负担，所以大家在这方面一定要多加注意。

24 要点最多列3个

我每个月都会开班传授收纳诀窍。课程内容当然是越丰富越好，但是在准备教案的时候，我只会给一堂课设定3个要点，所有内容围绕这3点展开。写邮件也是一样，尽量只列出3个要点。为什么呢？大家不妨换位思考一下。如果我是听课或收邮件的人，3个要点不多不少刚刚好，容易消化，也容易记住。

要是收到了一封很长的邮件，或是拿到了厚厚一沓资料，你会怎么处理呢？想必很多人都是先草草翻一遍，然后告诉自己："我现在没时间，回头再看吧……"结果一拖再拖，到头来也没好好看。职场人士就没有不忙的，没有人会愿意浪费时间在冗长的资料或邮件上。可是换位思考一下，假如你是写邮件、做资料的人呢？费心费力写出来的东西没有得到关注，工作成果自然是指望不上了，内容再出色也是白搭，岂不是太可惜了？

看策划案与资料的人、收邮件的人、听汇报的人……这些人既是你的上司、同事与客户，又是读者与听众。不能因为你制作的是工作资料，发送的是工作邮件，就想当然地认为对方一定会看完或听完。无论是写资料还是做汇报，我们都要反复自问，自己准备的**内容是不是简洁易懂，能不能给对方留下深刻的印象**。

因此，做资料、写邮件的时候，我会像写收纳班的教案那样，把要点控制在3个以内。因为经验告诉我，要是这个也写进去，那个也加进去，对方连看都懒得看，就算看了也是不认真的。得先**明确优先级，搞清自己最想通过这封邮件或这份策划案传达的是哪3个要点，这样才能让内容更好懂**。

不擅长总结怎么办？别担心，这方面的能力可以通过练习显著提升。比如，利用早上看新闻的时间，试着在脑子里把报道的内容总结成3点，或者把一天发生的事情归纳一下，找个人聊一聊……这些都是行之有效的方法。

25 关掉信息通知铃声，集中注意力

用电脑处理工作的时候，我们难免会被突如其来的信息通知铃声打断思路，屏幕角落突然弹出的信息提示也会分散你的注意力。“迅速回复”看似高效，殊不知这样会让你无法专注于手头的工作。铃声一响，好不容易想到的点子都飞到九霄云外去了。总的来看，动不动就查看消息反而会降低工作效率。

权衡利弊之后，我决定关掉电脑的通知铃声和手机铃声，等空下来了再统一查看，这样就不怕思路被打断了。只是**把“随时”和“被动”改成“定时”和“主动”**，被邮件或其他通信工具牵着鼻子走的日子便一去不复返了，所有的注意力都能集中在手头的任务上，速度快了，用时自然就短了。在工作时，我会把手机调成勿扰模式，不仅静音，连振动都会关掉，无论是收到新邮件，还是有人给我发微信或短信，我都听不见。

26 用多个设备收发邮件时，记得密送给自己

现在的职场人士不仅会在公司的台式机上收发邮件，智能手机和方便携带的笔记本电脑也成了查看邮件的必备工具，而且“在哪个设备上看到，就用哪个设备回复”的人应该不在少数。一般来说，已发送邮件只会保留在用于发送的那台设备上（当然这取决于邮箱的设置）。换言之，我们在事后用别的设备查看已发送邮件的内容时，多多少少会有些不方便。为了解决这个问题，我养成了一个习惯：**发邮件的时候密送给自己**。如此一来，无论用哪台设备都能看到自己发过的邮件，只要在搜索栏输入关键词，就能迅速找到想要的那封邮件。大家不妨提前设置一下，让邮箱自动添加密送，这样就不怕忘了，还省事呢。

27 邮件给人留下的印象，就是你的职场形象

现如今，邮件是职场人士必不可少的联络方式，“在实际会面之前先发邮件打招呼”的情况也越来越常见。

有一次，有人通过邮件联系我，想委托我做某项工作。虽然出于种种原因，我并没有接下那份工作，但对方给我留下了非常好的印象，让我不由得想：“他的工作能力一定很强，有机会的话绝对要跟他合作看看！”

怎么写邮件才会让人产生这样的念头呢？我决定认真分析一下，借鉴一下他的经验。我发现，他不但把委托内容写得简洁扼要，而且抛出的问题都能用“Yes”或“No”来回答，只看邮件就能想象出他把工作安排得井井有条的模样。从那时起，我便会在写邮件时格外留意，尽量发让对方**回复起来不会有心理负担的邮件**。

28 你的回复越快，对方的反馈也越快

有一位与我合作出书的编辑，她回邮件的速度非常快，给我留下了深刻印象。对方回得那么快，我当然不能拖后腿啊！于是我也养成了尽快回复的习惯，拖延症都治好了。后来编辑跟我说："因为你总是回得很快啊，别人发的邮件我还敢拖，你的当然要第一时间回复了！"哎哟，敢情我俩想到一块儿去了！一听完我就笑出声来。

可要是碰到回复比较慢的人，我的回信速度也会慢下来……总而言之，**只要你加快回信的速度，对方的反馈也会跟着变快**，多棒的**良性循环**啊！发现这个秘密之后，我就养成了尽快回信的习惯。

29 提升搜索能力能有效提升工作能力

我们公司有几位搜索能力超强的小伙伴，只要你一句话，他们就能以最快的速度找到高质量的信息。今时今日，无论你想了解什么，想找什么东西，或是想委托别人完成什么工作，都能通过网络找到相应的信息。我甚至觉得，正因为我们生活在一个什么都能搜到的时代，迅速找到高质量的信息才成了提升工作效率的必备能力。

公司采购办公用品的时候也好，制作新资料的时候也好，搜索能力都能发挥出重要的作用。我习惯在搜索栏里输入三个关键词。因为只输入一个关键词，搜索出来的信息太多了，逐一筛选会浪费很多时间。例如：

要找文件盒，就输入“文件盒”“有洞”“纸”；

要找报价单的模板，就输入“报价单”“简约”“Excel”。

……

先明确自己要找的东西满足哪些条件，然后再搜索，这样才能快速获取必要的信息。

图片搜索功能也很好用。把关键词输入搜索栏之后，别忙着点搜索键，要先单击“图片”选项。如此一来，和关键词有关的图片会以预览图的形式出现在网页上，于是我们就能借助视觉信息加快筛选速度。谷歌等搜索引擎甚至可以直接把图片导入搜索栏，连关键词都不用输入，就能搜索到相关信息。

不仅是网络世界需要这样的搜索能力，如果你能迅速找到保存在电脑里的资料、文件和邮件，就能把每一秒都用在刀刃上了。与其跟无头苍蝇一样到处乱飞乱撞，不如养成用“Ctrl/Cmd+F”进行全局搜索的习惯。仅仅是这样一个小小的改变，就能节约不少时间。除了电脑，微信与邮箱也有搜索功能，千万别忘了用哦！

30 学会“偷懒”

报价单、请款单、收据……这些常用的商务文档我是绝不会从头做起的，因为那样太费时间了。其实，工作有时候是需要“偷懒”的。**现在网络这么发达，随便搜一下就能找到各种文档的免费模板**。从简约款到精致款，什么样的都有，选项十分丰富。当然，我不会直接套用免费模板，而是会根据自身情况稍作修改。

和从头做起相比，利用文档模板肯定更省时，而且我们还可以多找几个模板加以比较，汲取其中的精华，再加上自己觉得好的功能、契合自身情况的内容与形式，就不会有遗漏了，**最后的成品一定比从头做起的更出色**。

问候信、感谢信和道歉信也能在网上搜到。虽然不能直接套用，但我们可以通过模板学习商务信件的礼节。所以，需要写这类信件的时候，千万别忘了搜几个模板作参考。

除了参考现成的模板，**大家也可以视情况提前备几款“原创”模板，以后遇到类似的情况就不用从头做起了**，这也是个省时的好办法。如果你经常需要用邮件发感谢信，就准备一个最基本的感谢信模板，发送时再添上必要的语句即可。策划案的基本模板也可以备一个，这样就不用费神纠结格式了，能将更多的时间与精力集中在策划案的内容上。

不过有一点请大家务必小心：无论是策划案还是信件，都不要直接套用现成的模板，务必要根据自身情况做调整，再小的调整也比完全不调整好，因为现成的模板再完美，也不是专门为你设计的。只有做过微调的文档才能既方便自己，也方便他人。在模板的设计元素或文本中稍微加一点自己的个性元素，司空见惯的文档与信件就能化身为最强的沟通工具，将你的为人如实展现在对方眼前。

31 快捷键与自定义短语让工作更高效

“Ctrl/Cmd+C”是复制，“Ctrl/Cmd+V”是粘贴。很多人知道这两组快捷键，平时也经常用，可其他快捷键就懒得去学了，几乎没用过。但我强烈建议大家找个时间，把平时可能用得上的快捷键全都整理出来，牢牢记住，或者列在便条上，贴在方便查看的地方。

就好像你特别喜欢吃某道菜，平时也经常做，可是每次做之前都要把菜谱翻出来，岂不是很麻烦？还不如干脆把用料表和简单的操作步骤背下来，或写个便条贴在冰箱门上。虽然有点费事，但以后就省力了。

记住快捷键（或把快捷键写在便条上）也有同样的效果。**只要在最开始的时候付出一些小小的努力，以后就有享不尽的快捷与方便**。

在电脑和手机里建一个用户词库（添加自定义短语）也是个好办法。只需输入头几个字，常用的短语就蹦出来了，特别省时；一打“感谢”，备选项里就会出现“感谢您的邮件”；一打“请多”，后面的“关照”就自动出现；一输“地址”，办公室的完整地址就跳出

常用快捷键

功能	Windows	Mac
搜索	Ctrl+F	Cmd+F
全选	Ctrl+A	Cmd+A
截全屏	Printscreen	Cmd+Shift+3
截取当前选中的窗口	Alt+ Printscreen	Cmd+Shift+4
重命名	F2	(单击后)Enter
关闭窗口	Ctrl+W	Cmd+W

来……简简单单的小技巧，能让制作文档、书写邮件的速度更快。

其实我是想通过快捷键与自定义短语这两个例子告诉大家，想办法让每天都得做的事情更省时才最要紧。有了这份坚定的信念，工作的方方面面自然会朝着快捷、简便的方向发展，于是你就能把更多的时间用在自己真正想做的事情上。

32 先吃苦，后享福

订购的日抛隐形眼镜一到家，我就会把盒子里的镜片全部拿出来，在小包装上做好显眼的记号，一看就能分清左右。然后再一一剪开，放进无盖的盒子，方便取用。买了用塑料膜包装的饮料或纳豆，我也会把膜撕掉，分别收到冰箱的固定位置。做这些准备工作的确有点费事，却是在为未来的自己节省时间。

我把同样的思路也用在了工作上，**麻烦事一鼓作气统统搞定，给未来的自己减负**。其实这和用快捷键是一个道理，化零为整，**把宝贵的时间存起来**！

如果你习惯用尺寸比较大的便条给别人留言，不妨提前在每张纸上盖好章，省去了每次重新写名字的环节，也不用每次都翻箱倒柜地找印章。贴邮票也是个挺麻烦的动作，可以一次性多贴几张备着，需要寄的时候就省事了。

提前在便条上盖章

职场人士经常要用便条给别人留言，提前给一整本便条盖好章，就不用每次重新写名字了。

提前在需要提交的表单上盖章

办理手续时提交的表单往往需要盖章，大家不妨多打印几张，盖好章备着，真要用的时候就不用再找印章了。

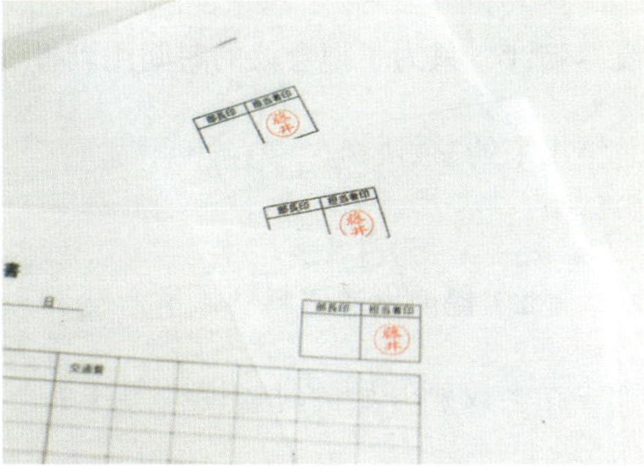

提前在信封和明信片上贴好邮票

提前贴好邮票，寄信的时候就省事多了。需要寄感谢信的时候，整个过程便能一气呵成。

33 有效开会的3个诀窍

没有比开会商谈了半天却毫无进展更浪费时间的了。大家都那么忙，好不容易才抽出空来坐到一起，当然要让宝贵的时间发挥出最大的价值。无论是在邮购公司上班的时候，还是自己创业之后，我都绞尽脑汁，只为了把会议的时间用到极致。下面就给大家分享一下我总结出来的3个诀窍。

（1）提前发送资料

在会议刚开始的时候说："这是今天要用的资料！"一边说，一边发……对许多职场人士而言，这样的场景也许司空见惯，但你有没有发现，在会议开始后发资料意味着大家要埋头研究好一会儿，而且不会有人在这段时间里发言。"看资料"这件事完全可以各自完成，所以提前**把资料发送给所有与会者（至少提前一天）**是有效利用会议时间的好办法。如此一来，**大家就能"预习"资料了，就算只是粗略地看一遍，也比完全没看过要好**。这样大家一到会场，便能迅速展开讨论。

（2）进入正题之前，先宣布“今天要敲定的事”

在会议正式开始之前，请大家先明确宣布今天要达成怎样的目标。只要告知在场的所有人“今天要敲定××和××”，就能让大家带着目的参与讨论，就算中途跑偏了，也能在最后关头拉回来。在这个时候顺便提一下会议大致在什么时候结束，有助于集中注意力，有效提升时间的利用率。

（3）记得做总结，明确分工

会议即将结束时，请大家务必对本次会议敲定的事项做个总结，并明确各自的分工，要具体到接下来由谁来做什么的程度。例如：“我会在本周内把文件发过去，后续跟进就交给小A了！”如此一来，所有人都能沿着既定路线向前推进，会议才有可能发挥作用。

34 会议不留“作业”

我有一个习惯，那就是不在会议的最后说：“这件事情我们回去以后再商量一下。”如果不是当场得出结论，那也要归纳好大致的思路再结束。如果一周后需要提交方案，那我一定会在听到这条指令的时候（或是敲定项目的时候）立刻开动脑筋，先把70%的框架搭好。多亏了在前公司结识的前辈，我才能掌握这个诀窍。

那时的前辈是一位忙碌的职场妈妈。有一次，她在散会后立刻把会议纪要分享给我。我既惊讶于她的速度，又隐隐约约察觉到她能工作、家庭两不误的秘诀也许与速度有关，便趁机请教了她。前辈告诉我，遇到需要判断下一步该怎么做的事和下一次开会前要想好的事，她一定会在会议结束前得出结论。这样即使要完成的任务再多，能用在工作上的时间再少，也能做到有条不紊，不至于拖延。

我原以为有什么事都该等会议结束之后再好好考虑，这样应该能想出更好的点子来。可是想来想去，往往都想不出比会议期间模模糊糊浮现在脑海中的方案更优秀的主意。既然想不出来，那还不如参考前辈的经验，不带“作业”回家，改成当场敲定，当场总结。只要抱着这样的念头参加会议，就能在散会前完成70%的任务。自那时起，我便形成了“不推迟”和“当场做”的工作风格。

为什么不建议大家回头再做呢？因为不趁热打铁的话，就得重新过一遍资料，要额外多花一点时间才能进入状态。散会前先把70%的框架搭好，便能利用会后的时间优化方案，制作简明易懂的资料。不过分追求完美，即使方案还很粗糙，也要先推进起来。虽然步子小，但至少在向前迈进中。在时间比较紧张的情况下，这种方法有助于高效地取得成果。

专栏

工作最辛苦的时候，就是你成长最多的时候

还在邮购公司上班时，我的双胞胎诞生了。没想到就在我休产假的时候，公司调整了组织架构，又启动了新项目，同事们都忙得不可开交。大家都跟我说："最近快把我们累死了，你这假休得真是时候！"原来我在这么关键的时刻脱离了战线……我内心很是过意不去，却也有些庆幸自己逃过了一劫。

后来，我在跟大学同学聊天的时候无意中提到了这件事："最近我的同事们都忙坏了，还好我在休假，太走运了。"

听到这话，我同学却说："你可别高兴得太早哦。也许你的同事们能通过这次历练进步很多，而你却错过了这个好机会。"我如梦初醒，简直无地自容。

他说得太对了！不经历风雨，怎能见彩虹？天天顺风顺水，又怎么会进步呢？只有经历过逆境的人，才能在职场更上一层楼，成为一个更优秀的人。这么简单的道理，我居然忘得一干二净。多亏了同学的直言不讳，我才能及时醒悟。

"最辛苦的时候，就是你成长最多的时候！"我经常在工作时想起这句至理名言。

CHAPTER 3

职场妈妈的经验分享

FILE 01

点滴积累，坚持到底

青木女士

工作单位：株式会社千趣会时尚商品销售二部内衣及母婴用品销售团队
在职时间：13年
家庭成员：丈夫、大儿子（6岁）、小儿子（1岁）

时间再紧张，也得硬着头皮上

4个月前，青木女士休完第二次产假回归职场。她是母婴用品销售团队的一员，平时负责制作商品目录。她告诉我，她还没完全习惯一边带两个孩子一边上班的日子，每天都跟打仗似的。

即便把午休也算上，一天的工作时间也只有7个小时，所以能不能把握全局，合理安排时间，就显得非常关键了。青木女士笑道："因为接孩子的时间是固定的，所以我安排工作的时候就以此为依据倒推。时间再紧张，也得硬着头皮上呀！"

把日程写得非常详细，并和同事共享

我能通过她的笑容感觉到她对生活的坚定信念。毕竟孩子还小，难免会突然生病，做妈妈的也得跟着请假。为了不拖累上司和同事，青木女士想了很多办法。

青木女士会用电子日历安排日程，并共享给同一个部门的伙伴。通常她会把具体的工作

通过电子日历共享日程安排

将工作进度一并录入，让同事们看到自己的日程和进度，如此一来，自己放心，大家也安心。

青木女士的一天

5:30	起床，完成最基本的家务（拖地、煮大麦茶、晾衣服等）
6:00	提前准备晚饭（睡过头了就省略）
6:30	洗漱梳妆，稍稍放慢节奏
7:00	早餐
8:00	送孩子去幼儿园
9:30	到公司。回邮件，处理日常事务
10:00	洽谈明年的商品目录内容
11:30	找上司确认推进中的策划案的大方向（上司也是职场妈妈，需要早退，所以长话短说）
12:00	午餐
13:00	团队内部开会讨论线上促销事宜
14:00	和商品开发负责人围绕新商品展开头脑风暴
15:00	修改上午征求过上司意见的策划案
16:30	下班
17:30	接孩子
18:00	到家，洗澡
18:30	准备晚餐
19:00	晚餐
19:30	陪孩子玩，看电视
20:30	准备第二天要带去幼儿园的物品，收拾玩具
21:00	念绘本哄睡，基本上会和孩子一起就寝

内容也写上，做完了就把状态改成“已完成”。如此一来，所有人都能及时掌握她的工作进度，省去了汇报的环节。

她的桌面上只有一个文件盒，里面放着“正在进行中”的资料文件。这也是为了不给大家添麻烦。文件的位置非常明确，不存在找不到的问题，所以请同事帮忙的时候，总能迅速完成交接。

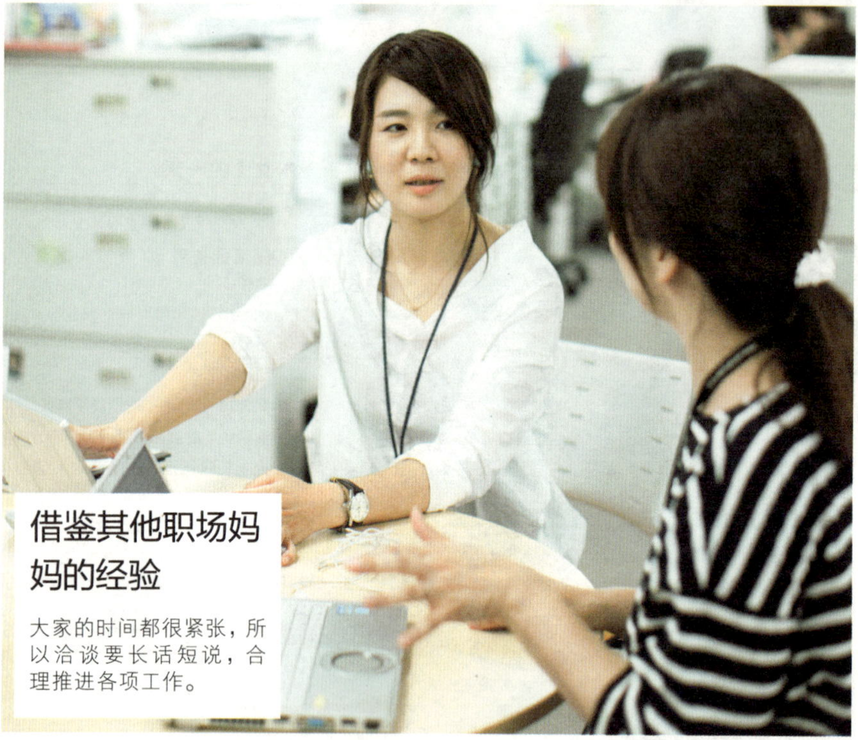

借鉴其他职场妈妈的经验

大家的时间都很紧张，所以洽谈要长话短说，合理推进各项工作。

“齐心协力，合理推进各项工作”是团队协作的秘诀

青木女士的上司和团队的半数成员都是职场妈妈，所以大家的时间都很紧张，凡事都讲究“合理”二字。“我的上司提议，假如孩子突然生病，早上要临时请假就群发邮件，跟团队的所有人汇报一下。这样就省了在医院打电话的工夫，我觉得这个办法挺好的。”

洽谈要长话短说。“不急的事情发邮件说，急事再直接碰头”的习惯也是自然而然养成的。青木女士是个很重视沟通的人，经常约不同的同事一起吃午饭，趁机分享经验与信息，让伙伴们启发自己。如何才能一边享受工作的乐趣，一边做出成果呢？青木女士还在摸索的过程中。

重要的文件资料统一集中在一处，以防临时请假

临时请假在所难免，但青木女士不想给同事们添太多的麻烦。所以她总是把桌面收拾得很干净，只留一个收纳盒，专门放“正在进行中”的文件资料。这样就能通过电话毫不费力地告诉同事必要的文件都放在哪儿了。

青木女士的办公桌

① 抽屉的顶部是最方便拿取的位置，所以在这里放了一个浅浅的收纳盒。里面的物品虽然杂乱，但都是使用频率最高的。有了这个盒子，桌面就不会一团乱了。

② 把常用的文具集中放在上层抽屉里靠外的那侧，只需稍稍拉开就能拿到。

③中层抽屉放化妆包等物品。因为下班时需要把电脑放进这一层锁上，所以没有装得很满。

④下层抽屉放了几个文件盒，竖着收纳资料，找起来很方便。

抽屉顶部

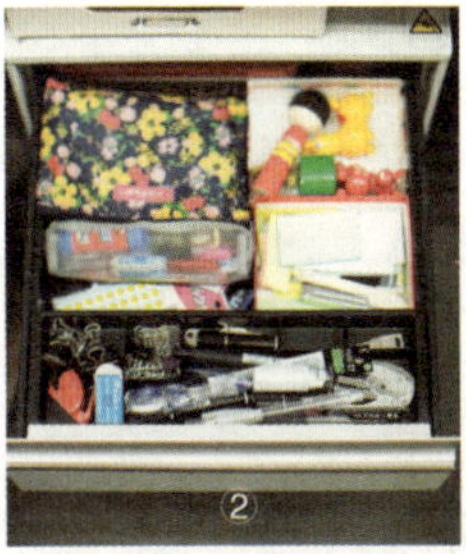

上层抽屉

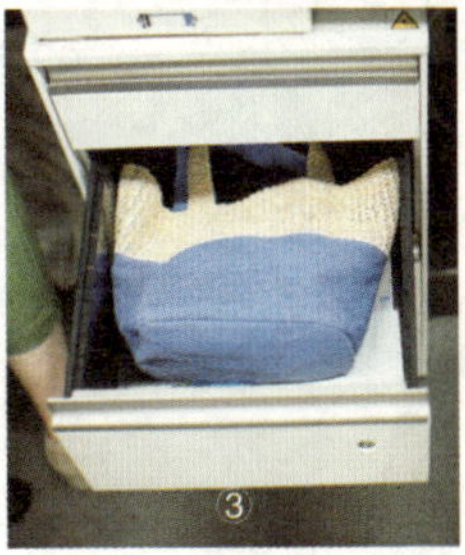

中层抽屉

下层抽屉

任务的优先级要随机应变

一般情况下，任务的优先级按截止时间排列，不过有些任务“趁热打铁”效率更高，立刻动手更容易出成果，遇到这种情况就需要“插队”了。

改造四色可擦圆珠笔

常备四色可擦圆珠笔，但把不常用的绿色笔芯换成了另一个牌子的普通笔芯（需使用转接口），如此一来，一支笔就能搞定各种使用场合。

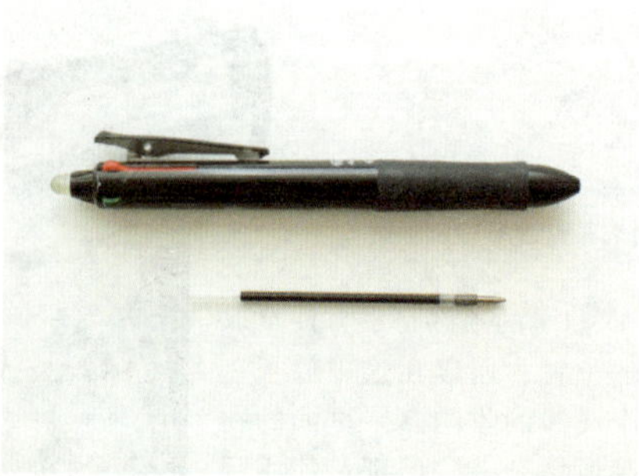

下班前梳理第二天早上要做的事

把第二天早上会用到的资料提前准备好，整理开会时会用到的文件……临走前用几分钟稍作整理，第二天早上就能立刻进入工作状态。

下班后不直接回家，绕15分钟的远路，忙里偷闲

短短15分钟的忙里偷闲，也能让心情焕然一新，为明天注入活力。

在“工作模式”与“妈妈模式”的夹缝中喘口气

在公司逗留的时间虽然不长，但工作强度很大；到家以后，又得围着可爱的孩子手忙脚乱。可是在到家的那一刻，青木女士总能非常自然地从“工作模式”切换到“妈妈模式”。

她一般都下班后立刻回家，不过心情低落的时候偶尔也会“任性”一次，绕15分钟的路。其实也就是顺路买点儿化妆品、衣服之类的必需品而已，但她可以利用短暂的购物时间稍作喘息，调整心情，为自己注入新的能量，然后再回到忙碌而充实的生活中。

FILE 02

收放有度，不断提升工作能力

石井女士

工作单位：株式会社阪急阪神百货店西宫阪急销售策划部策划专员
在职时间：19年
家庭成员：丈夫、儿子（4岁）

石井女士的一天

7:15	起床
7:30	吃早餐，准备幼儿园要用的东西
9:00	送孩子去幼儿园（老公负责每周二、周五）
9:45	到公司（弹性工作制）
9:50	写日报，查邮件
10:30	巡视门店、内部会议
12:00	午餐
13:00	写策划案
15:00	制作资料
17:00	下班
17:30	接孩子，去超市采购
17:45	陪孩子去公园玩耍，或者去池塘边散步
18:30	回家，和孩子一起泡澡，小憩片刻（喝点小酒），准备晚餐
19:00	晚餐
20:00	继续处理没做完的家务
21:00	哄孩子睡觉
21:30	放松时间（21:00以后尽量不要吃东西）
22:30	就寝

完成比完美更重要

石井女士在百货店的销售策划部工作，负责营造整个百货店的氛围。百货店举办活动的时候，她也需要邀请合适的公司设置展位。工作性质要求她时刻竖起脑袋上的“天线”，敏感地捕捉各类信息。

因为孩子还小，她不得不缩短工作时间提早下班，所以每天都要跟时间做斗争。“眼睛总是盯着电脑的时钟，告诉自己一定要在30分钟内把这个搞定。”早上先在脑子里把一整天的工作安排好，到公司后开足马力，完成每一项任务。石井女士告诉我，“不过分追求完美，无论如何先在规定时间内完成”是高效处理工作的诀窍。

和同事相互鼓励，通过别人努力的模样获取力量

同事是资历更老的职场妈妈，大家相互打气，相互激励。

照顾孩子时遇到的小问题也有人理解，特别贴心。

时刻关注屏幕角落的时钟

电脑屏幕的角落里有一个很不起眼的时钟，工作时把时钟显示的数字放在心头，有助于提高效率。

同期入职的同事里也有几位职场妈妈，大家相互鼓励，收获了坚定的友谊。“我们能理解对方有多辛苦，仅仅是有这样的‘战友’在身边就很让人欣慰了。”

用月计划本管理时间

石井女士习惯使用月计划本，这样更容易把握当月的工作流程。待办事项和每天的进店人数也一并写在本子里。如此一来，每天的具体安排基本都在脑子里。

重要文件放在手边

石井女士的办公桌总是非常整洁。桌面上只有“正在进行中”的重要文件，用书立固定住，放在右手边，这样一伸手就能拿到了。

石井女士的办公桌

①日历既是实用工具，又是舒缓心情的小物件。
②把常用的文具放在上层抽屉靠外的地方，方便取用和归位；中层竖着收纳小开本的书，找起来不费劲；下层抽屉靠外侧放次要的文件，内侧收纳资料。
③把磁铁挂钩贴在办公桌侧面，挂在上面的小包是在公司内走动时专用的。
④随身携带的文具尽量精简，选择小巧玲珑的笔袋。

去门店帮忙搞促销活动时，石井女士会斜挎这个布包，里面装着计算器、收钱用的托盘等常用工具。

在跨出公司的那一刻忘掉工作

员工通道的小门是石井女士切换状态的开关，她一旦跨出这道门，就回归母亲和女性的角色，尽情享受生活，这样也能为之后的工作打下坚实的基础。

所有经验都能用于工作

石井女士告诉我，她在带孩子的过程中理解了“放弃”的重要性，因此连处理工作的思路都跟以前不一样了。她说：“我不像以前那么固执了，也不纠结了，能用更灵活的态度去对待工作。没想到带孩子的经验也能在工作中派上用场。”

其实石井女士的日常工作就是想方设法地吸引更多与她年龄相仿的妈妈们来百货店。“因为我和目标客户群的年纪差不多，所以我会在生活中多留意一点，发现点滴的乐趣。”因此她每天一跨出公司，就会立刻回归母亲和女性的角色。收放有度，才能提升头脑“天线”的敏感度，让工作变得更加丰富多彩。

FILE 03

提前做准备，后期不费劲

Y.S女士

职业：药剂师、临床研发（内勤）
※每周在家办公2天左右
在职时间：约2年
家庭成员：丈夫、儿子（8岁）、女儿（6岁）

最爱的通勤包

COACH的大号托特包。装得下A4文件夹，牢固耐用，爱不释手。

月计划本

日计划本

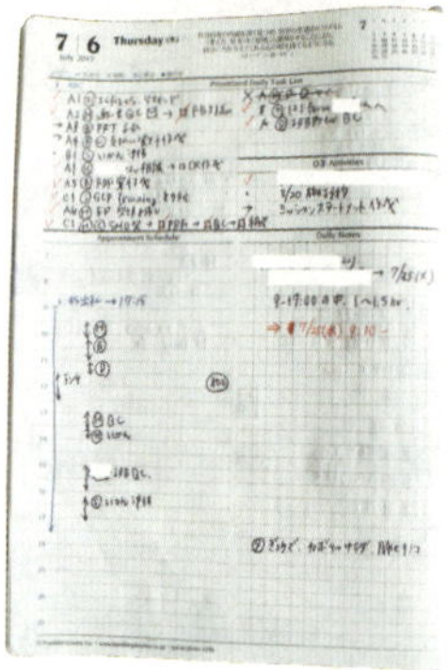

工作守则 1

用日计划本管理全天的安排

Y.S女士有两个手账本。一本是薄薄的月计划本，用来管理整体日程；另一本是日计划本，用来写当天的待办事项和全天的时间安排。待办事项前面标了3种符号，分别代表“已完成”“进行中”和“延后”，方便查看进度。Y.S女士有留出专门的空间写不紧急但很重要的事情，以便时刻提醒自己，让生活过得充实又精彩。

Y.S 女士的一天

〈去公司上班〉

- 6:00 起床，做家务、洗漱梳妆
- 6:45 早餐
- 7:45 出发
- 8:30 到公司，查邮件
- 9:00 制作资料，开会
- 11:30 和同事吃午餐
- 12:30 制作资料，与客户通电话
- 17:00 下班
- 18:00 到家。准备晚餐，打开热水器加热洗澡水
- 18:30 接孩子
- 19:00 晚餐
- 19:30 检查孩子的作业
- 20:00 和孩子一起泡澡
- 21:00 做家务（洗碗、叠衣服等）
- 21:30~22:00 和孩子一起就寝

〈在家办公〉

- 6:00 起床
- 7:45 打扫卫生
- 8:00 提前做晚餐的准备工作，多做一些小菜备用
- 9:00 开始办公
- 14:00 电话会议
- 17:30 收工，搞定晚餐
- 18:00 去兴趣班接孩子
- 19:00 晚餐
- 21:30~22:00 和孩子一起就寝

工作守则 2

创造舒适的远程办公环境

家里的办公桌

桌上放着专为在家办公购买的大尺寸显示屏。屏幕高度可以调节，能有效缓解长期伏案导致的肩颈酸痛和用眼疲劳，而且插在笔记本电脑上就能用。显示器是白色的，不会有压抑感。

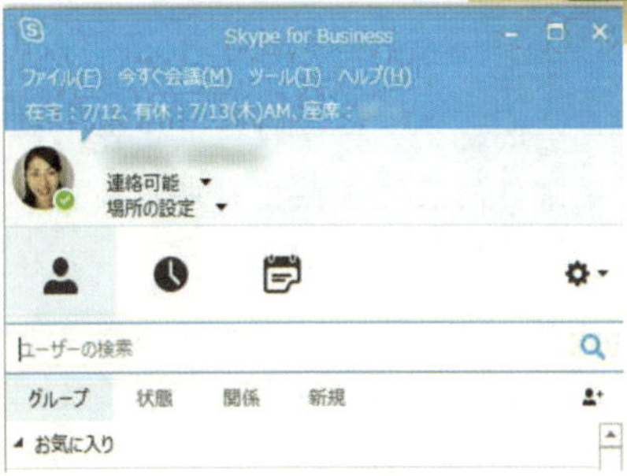

把日程安排写进签名栏

Y.S女士会把居家办公的日期填在办公联络软件用户名上方的签名栏，这样同事就能及时掌握她的动向了。

工作守则 3

提前确认对方的档期

Y.S女士经常遇到需要对方确认后才能进行后续工作的情况，因此养成了提前告知对方自己大概能在什么时候做完的习惯，尽早约上对方的档期。

工作守则 4

资料一律转成电子文档

公司不设固定工位，每人只有一个储物柜。由于收纳空间有限，所有需要保存的资料一律转成电子文档。

工作守则 6

使用“便笺”

Windows系统自带桌面便笺功能，可以把待办事项清单和需要记录的事情写进去，时刻提醒自己。

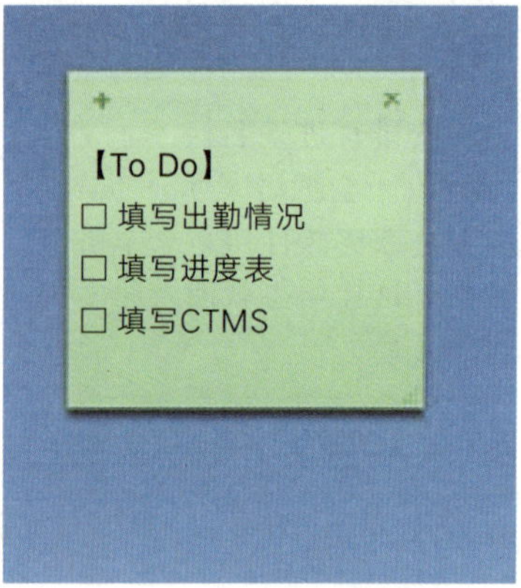

工作守则 5

与团队伙伴积极沟通

项目团队的成员可能会分散在好几个办公地点。有时候连一次面都没见着，项目就结束了。因此Y.S女士会有意识地通过邮件、电话以及社交软件等共享最新的信息。如果能见到面，就主动约对方共进午餐，趁机增进交流。

工作守则 7

邮件标题要简明易懂

Y.S女士习惯在邮件标题的开头加上【需确认】【需处理】之类的标记，方便收件人迅速了解邮件的意图。截止日期也写进标题，比如“希望在×月×日×点前得到反馈”。

工作守则 8

用截屏功能实现“可视化”

把屏幕截图贴在邮件或Word文档里，让对方一眼看明白你想确认什么。截图毕竟直观，对方回复的速度也会相对快一些。

工作守则 9

用铅笔在名片的空白处记录关键信息

拿到新的名片时，要先用铅笔在空白处记录见面的日期与场合，然后塞进A4名片夹统一管理。

工作守则 10

与团队伙伴积极沟通

不知道自己能不能搞定的大任务，要分解成一个个小任务，全部列出来，逐个击破，就能持续前进。

工作守则 11

能迅速完成的事要即刻执行

能立刻确认的事情当场确认，能立刻回复的绝不拖拉。这样就能在双方忘记这件事之前搞定了，不用浪费时间回忆“你问的是哪个项目来着”。

工作守则 12

利用职场妈妈的小晨会充电

举办“职场妈妈小晨会”，分享各自的工作诀窍。大家都是一边工作一边带孩子的“战友”，在交谈的过程中相互鼓励，相互帮助，继续奋斗。

第9届职场妈妈小晨会@西宫
2017.6.10
分享手账的使用方法

工作守则 13

认真玩，认真工作

父母能陪孩子度过的时间其实很短，所以Y.S女士会利用休息日带孩子出去游玩，或者一起听听音乐（这也是女儿的爱好之一）。每年的全家出游也是她非常重视的活动。

工作守则 14

夫妻巧妙搭配，取长补短

Y.S女士的老公擅长陪孩子玩，她自己擅长做家务。与其逼老公分担家务，搞得家里气氛很僵，还不如彻底分工，彼此做自己擅长的事情。老公会主动参加校园开放日的活动，平时也会陪孩子练钢琴。

工作守则 15

为了家人的健康，自制调料

因为Y.S女士每天都很忙，做不了特别讲究的小菜，但她会和孩子们一起酿制味噌，有时候还会叫上几个朋友，搞个“灌香肠大会”，留下美好的回忆。

做不到面面俱到，但至少要用好一点的调料。Y.S女士家的味噌和酱油都是自己亲手酿的。孩子们也会参与进来，享受整个过程。

FILE 04

合理安排工作与生活，学会乐在其中

F.T女士

工作单位：航空公司（预订、出票业务）
在职时间：13年
家庭成员：丈夫、大女儿（5岁）、小女儿（2岁）

最爱的通勤包

两个包都是既可以手提，也可斜挎。骑自行车接送孩子的时候就斜挎，解放双手。

工作守则 1

用台历管理工作日程

F.T女士用台历而非手账管理日程。台历放在办公桌最显眼的位置，有了新的安排就立刻写上去。如果在工作日安排了和孩子有关的事，F.T女士也会一并写上，确保当天不要太晚下班。节假日的私事则写在家里的日历上，和工作日的安排明确区分开。

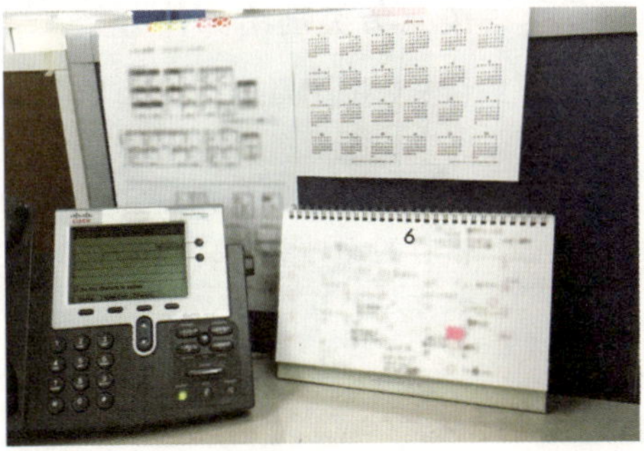

F.T 女士的一天

5:00	起床
5:05	收拾洗碗机里的碗碟，把洗好烘干的衣服叠好
5:45	洗漱梳妆，提前准备好晚饭要用的食材
6:30	早餐
7:30	出门
7:50	送孩子们去幼儿园
8:40	到公司，开电脑
8:50	简报
9:00	查邮件，对照日历确认日程安排
14:50	处理剩下的工作
15:30~16:00	下班
16:30~17:00	去幼儿园接孩子
17:00~17:20	到家
17:30	和孩子一起泡澡
18:20	准备晚餐
18:40	晚餐
20:15	客厅熄灯，进入休息模式
20:40	收拾玩具，孩子就寝
21:30	做家务，整理通勤包，回邮件
22:00	就寝

工作守则 2

选择好用的文具

三菱JETSTREAM系列的笔书写顺滑，Harinacs的无钉订书机、半透明的条形便签……找几款心仪的文具备着，就能舒舒服服地投入工作。

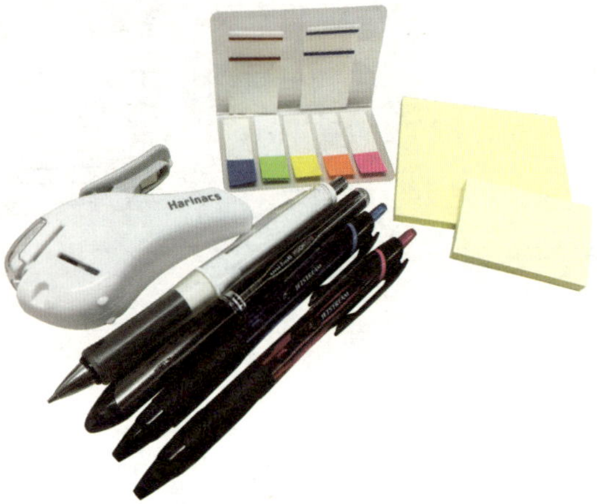

工作守则 3

主动创造与同事的交集

为了能提前下班，F.T女士砍掉了午餐时间，再加上部门经常需要跟客户通电话，平时很难有机会和同事交流，所以F.T女士会有意识地利用公司内网的聊天功能，在聊天组里和团队成员交接工作，传达指令，见缝插针地多聊几句。

工作守则 4

用心打招呼

F.T女士在公司待的时间比较短，很少有机会和同事聊天，但上下班时，她是一定会用心打招呼的。

工作守则 5

能不打印就不打印

尽量在系统里直接确认业务内容，不打印出来。省不了的纸质文件就用透明单片文件夹整理。

工作守则 6

按业务类别给邮件分类

在收件箱里新建若干个文件夹，按业务类别给邮件分门别类。收到新邮件后立刻移到相应的文件夹里，事后查找起来就方便多了。

F.T女士的办公桌

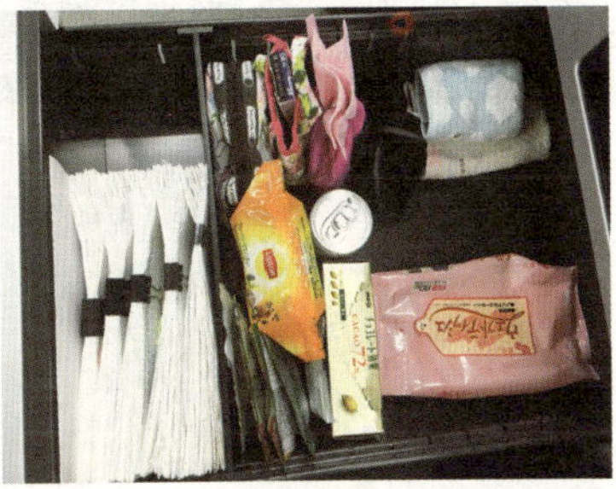

茶包等用于舒缓心情的物品收纳在抽屉内侧。

文件资料顺着放在右手边，方便拿取。

按摩啫喱、乳霜、电动牙刷……这些是为了以最好的状态投入工作而准备的必需品。

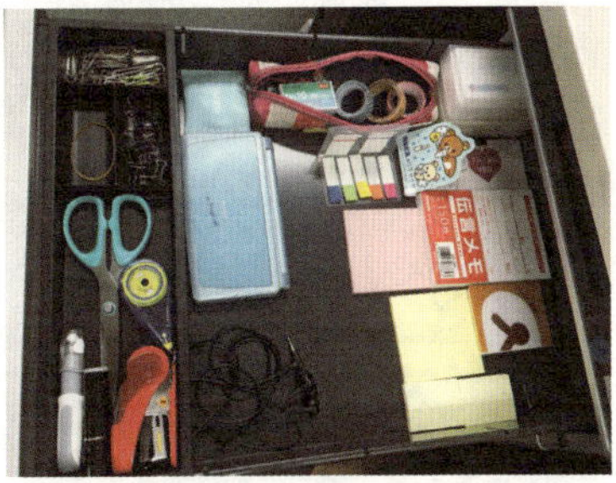

抽屉不要塞满，留点空间，这样就能毫不费力地拿出里面的东西了。

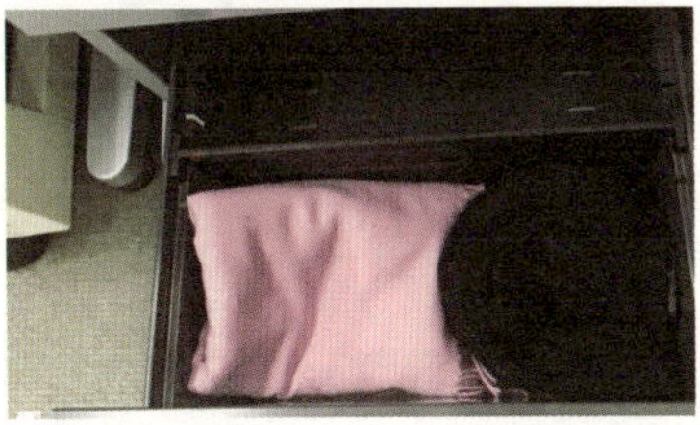

下层抽屉里有毯子，觉得冷了就拿出来披上。

把餐桌摆在榻榻米房间，走出厨房就到了，有效缩短移动距离。

工作守则 7

缩短厨房和餐桌之间的移动距离

家里离厨房最近的是榻榻米房间，照理说不应该放餐桌的，但为了缩短上菜和收拾碗筷的距离，F.T女士在榻榻米上铺了一块垫子，把那里变成了用餐的地方。

工作守则 8

让家电帮你减负

出门上班前启动扫地机器人。回家时，地板已经干干净净，让人神清气爽。有了烘干机，晾衣服的工夫也省了。洗漱台旁边就有收纳空间，所以洗好的衣物也不用搬到别处去。

工作守则 9

食材靠配送

工作日靠生鲜网站的配送服务，每天都有新鲜的蔬菜和生鲜产品送到家，再也不用为晚上吃什么而发愁了。比较重的食材就在生协①买，送货上门。

注：①生活协同组合的简称。在日本，是由消费者出资成为会员并运营的组织。加入生协后，每周一次固定时间把新鲜的鱼、肉、蔬菜、日用杂货等送到家。

——编者注

工作守则 10

全家齐心协力

老公负责看着孩子刷牙，姐姐帮妹妹穿袜子和鞋子。虽然姐姐才5岁，但是去幼儿园要带的东西都是她自己准备的，而且还会帮F.T女士给脏衣服分类。大胆放权，孩子自会出色地完成任务。F.T女士今后也会分配新的任务给她。

FILE 05

充分利用通勤时间，保持工作与家庭的平衡

M.K女士

工作单位：金融机构（内部审计）
在职时间：10年
家庭成员：丈夫、儿子（8岁）、女儿（5岁）

M.K 女士的一天

6:00	起床
8:45	到公司
17:00	下班
22:00	就寝

最爱的通勤包

设计精巧，可正式，可休闲。内侧有小袋子，实用性强。

工作守则 1

活用电子日历的各项功能

把工作和私生活的安排都写进电子日历里。给重要事项、常规任务、私事分别设置不同颜色的标记。待办事项也输进去，统一管理。

工作守则 2

触手可及的地方总有小巧玲珑的圆珠笔

在办公桌、通勤包之类的地方备几支迷你圆珠笔（就是和手账之类的笔记本搭配使用的那种），随取随用。开内部会议的时候，可以随时塞进口袋里揣着走。

工作守则 3

提前考虑突然请假的情况

对职场妈妈而言，突然请假是在所难免的，因此M.K女士习惯提前推进业务，早做准备，就算明天突然请假了，工作也不会中断。相关的文档存在共享文件夹里，同事们能及时掌握她的工作进度。

工作守则 5

别被家务搞得压力太大

使用扫地机器人、洗碗机，或是雇人来家里大扫除……能找人代劳的绝不亲自动手。与其硬着头皮自己揽下来，还不如多争取点时间，开开心心地陪孩子。

早上只做了厚蛋烧，然后把前一天剩下的小菜和用水焯了一下的西蓝花、小番茄放进饭盒里就可以了。

工作守则 4

借助手机，充分利用通勤时间

通勤时间也不能浪费。有了智能手机，就能在上班路上看《日经新闻》的电子版，还能填写幼儿园的联络簿发给老师。和工作有关的点子可以随时记录下来，或者列个购物清单也行。

工作守则 6

学会切换状态，保持身心的平衡

工作是痛并快乐着，带孩子也有苦有乐。到了公司就全身心投入工作，把家里的烦恼统统忘掉。回家了就把工作的烦恼抛之脑后，专心忙家里的事情。这样有助于保持身心的平衡。M.K女士平时还会组织一些活动，和住得近的其他职场妈妈交流心得。除了公司和家庭，她还有其他地方可去，这也是保持乐观心态的秘诀。

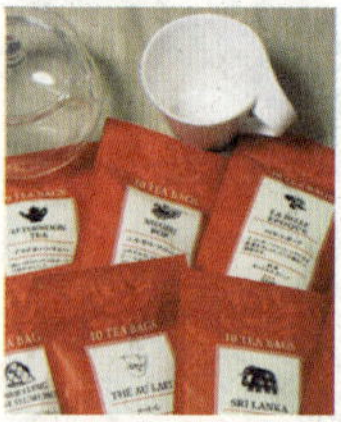

每天早上看心情选一款LUPICIA的红茶喝，滋润心田，告诉自己："今天也要好好加油！"

FILE 06

巧用数码工具与实体工具

H.T女士

工作单位：制造商（宣传部门）
在职时间：13年
家庭成员：丈夫、儿子（3岁）、女儿（1岁）

H.T 女士的一天

5:40	起床
8:30	到公司
17:00	下班
23:00	就寝

最爱的通勤包
龙骧的饺子包。轻便防雨，笔记本电脑都装得下。

工作守则 1

用铅笔填写手账

H.T女士用的是日计划手账本，感觉这样能更好地俯瞰全局，把握各项安排。受前任老板的影响，H.T女士一般用铅笔写手账，方便调整日程。私事也一并写进去。

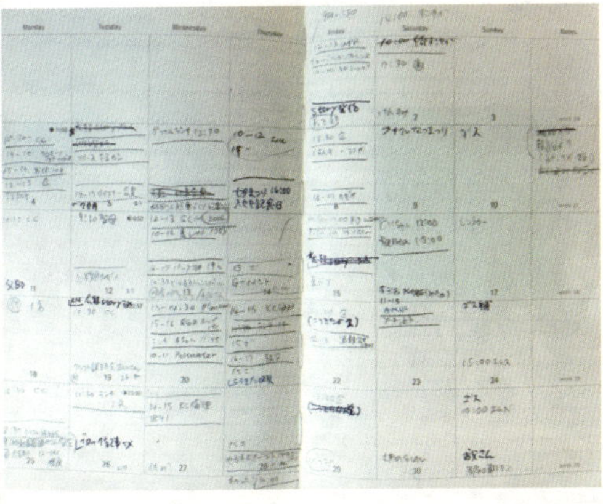

工作守则 2

常备礼金袋

因为没空去银行，H.T女士偶尔会闹出钱包里没钱的笑话来。还钱给同事的时候，H.T女士会把钱装进礼金袋，以示尊重，所以办公桌的抽屉里总会备几个。

工作守则 3

在办公桌下换鞋

接送孩子的时候得穿平底鞋，所以H.T女士在公司的办公桌下面藏了一双高跟鞋，一到办公室就换上，让自己切换到工作模式。

工作守则 5

待办事项清单贴办公桌上

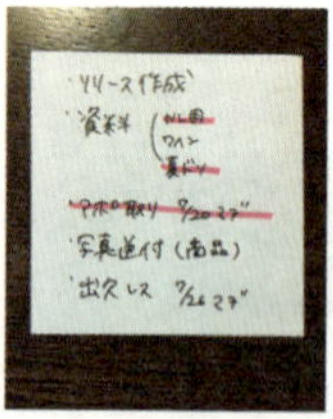

H.T女士习惯用便条记录待办事项，而不是写在手账本上。搞定一项就划掉一项，全部搞定了就撕下来换一张。只要看一眼就知道自己该干什么了，而且每撕掉一张便条，都能体会到小小的成就感。

工作守则 7

夫妻分摊家务

H.T女士上班通勤只要30分钟，她的老公却要2个小时，因此平时他只负责倒垃圾和打扫浴室。节假日就分工合作，他负责做饭、洗碗等家务。

工作守则 4

和同事一起开茶话会

H.T女士负责公司的宣传工作，每周会和同事一起开个茶话会。每个人带上自己感兴趣的话题来，各自发表感想。H.T女士不太有时间参加聚餐，所以更要利用茶话会和大家聊一聊，增进交流。

工作守则 6

先啃“硬骨头”

从轻松的任务做起是人之常情，但休完产假回归职场之后，H.T女士意识到先啃“硬骨头”反而更高效，自此养成先完成重要任务的习惯。

工作守则 8

家庭日程用“TimeTree”管理

以前喜欢把全家的安排都写在纸质日历上，但人不在家的时候就没法查看了，现在改用手机应用了。每位家庭成员的日程都能在同一个页面里看到，比原来方便多了。

FILE 07

提前准备，应对突发状况

A.Y女士

工作单位：人才招聘咨询公司（行政）
在职时间：7个月
家庭成员：丈夫、大儿子（9岁）、小儿子（4岁）

A.Y 女士的一天

7:30起床
10:00到公司
16:00下班
00:00就寝

最爱的通勤包

公司对着装没有硬性要求，所以上班用背包，能装很多东西，解放双手，便于走动。

工作守则 1

准备一个工作专用的笔记本

先写日期，然后把会议记录、待办事项一条条写进去。集中在一个本子里，所有事项按时间顺序排列，所以只要翻这一本就齐了，不用到处翻资料，非常方便。

工作守则 2

带着孩子的各种证件出门

幼儿园的门禁卡每天都要用，肯定要随身带。小学的门禁卡也带着。一并带上装有社保卡和就诊卡的小包，万一孩子突然病了，可以直接去医院，不用特意回一趟家拿东西。

工作守则 3

再忙也要笑脸迎人

再手忙脚乱，和同事、上司说话的时候也要打起精神来，笑脸迎人。这样既能让沟通在愉快的氛围中进行，又能起到调节情绪的作用。

工作守则 5

日程用电子日历统一管理

工作安排用电子日历共享给同事。为了参加学校的活动要晚点到公司的时候，也要提前记录。休假的安排也填上。这样就不会出现忘记汇报的情况了，还能随时随地用手机查看，在家也不怕，特别好用。

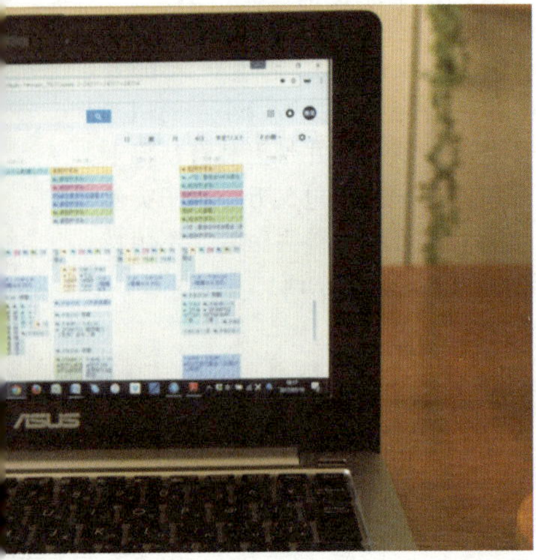

工作守则 4

家中常备食材

A.Y女士会在家里常备一些食材，就算没空去超市，也不至于做不了晚饭。例如什锦寿司饭的调料、黄瓜和鸡蛋等，家里永远都有存货。只要下班路上去便利店买包蟹肉棒，食材就凑齐了。

工作守则 6

睡前使用香薰，舒缓身心

用香味放松身心，对睡眠很有好处，A.Y女士会经常在卧室熏香，或者喷一点儿室内芳香剂。孩子们也很期待睡前的这个小环节。

FILE 08

小窍门的点滴积累，让工作与家务更省力

N.H女士

工作单位：软件开发公司（系统工程师）
在职时间：13年
家庭成员：丈夫、儿子（7岁）、女儿（4岁）

N.H 女士的一天

6:30	起床
9:00	到公司
16:00	下班
23:00	就寝

工作守则 1

不换通勤包

卡包、工作证容易在换包的时候落下，所以N.H女士平时固定用一个通勤包，不会一天换一个。用到不能再用了再换新的。

最爱的通勤包
提手的长度刚刚好，手提、单肩背、挎胳膊上都可以。而且正装、便服都能搭，非常实用！

工作守则 2

笔记本认准“Rollbahn”

进公司以后一直都用同一款笔记本。它的内页是方格纸，可以随意写字、画图，N.H女士就喜欢这样的本子。内页可以剪下来用，封底还有透明的收纳袋，就算换了新本子，也能把重要的笔记转移过来。

工作守则 3

每年多少参加几次公司聚餐

为了和同事加深交流，N.H女士会尽量参加比较重要的聚餐，比如项目的庆功会和年底的聚会。

工作守则 5

上班时把手机挂在脖子上

小学、幼儿园的老师随时都有可能打电话过来，所以无论是上班的时候，还是骑车往返于车站和学校的路上，N.H女士都会把手机挂脖子上，方便接听。

工作守则 4

每天在台历上打“×”

除了手账本，N.H女士还在办公桌上放了一本台历，养成了每天下班前把这一天“×”掉的习惯。如此一来，第二天上班时就不用费时间琢磨“今天是几号”了，一眼就能看见今天的日期。

工作守则 6

提前想好一周的菜单

N.H女士家习惯每周末出门买好下一周要吃的食材，提前想好一周的菜单。每天照着菜单做就可以，再也不用费神纠结吃什么了。如果去买菜的是老公，他也会帮全家构思菜单！

我要问Emi!

Q&A

采访8位工作达人的时候，我顺便打听了一下她们在工作方面的烦恼，下面就为大家统一解答吧!

Q1

您平时都是怎么从工作模式切换到带孩子/家务模式的呢?

A1

说实话，我这人太热爱工作了，一不留神就会24小时想工作的事情。但我也想好好珍惜陪伴孩子的时间，所以就在创业的第二年给自己定了一条规矩：晚上不开电脑。至于切换模式的开关，就是每天晚上和老公拿起啤酒干杯的那一刻吧。干完杯就好好放松。

Q2

要是不把东西放在眼睛看得到的地方，我就很容易把该做的事情忘掉，所以我总会下意识地把要提交的文件、正在制作的资料、看到一半的书之类的东西全搁在桌上，越摞越高，也想不起来要收拾。像我这种一收起来就忘的人该怎么办啊?

A2

“收起来容易忘，所以要摆出来让自己看到！”——有这样的意识绝对不是坏事，只是千万别叠放，否则压在下面的东西就不好拿了。越不好拿，你就越懒得碰。一拖再拖，总也收拾不了。所以我还是比较推荐用文件盒竖着收纳，打造一个方便取用的环境。再给自己定几条摆放规则，比如最新的文件一律放在右手边，这样就能进一步缩短找东西的时间。

Q3 为了营造一个能长久留住员工的职场环境，您有什么格外注意的地方吗？

A3 在我看来，要让伙伴们产生“明天也想去公司上班”的念头，良好的人际关系最重要。为了营造沟通顺畅的职场环境，我们平时都是一起吃午饭的，每年还要开办两次带家属的大聚会，比如年会。我一直觉得，要是伙伴们在家的时候也能时不时地提起公司里的事情，那该有多好啊。另外，提升办公环境的舒适度（可以通过香薰、绿植等小物件实现）应该也有助于改善人际关系。

Q4 您觉得上班时需要特别注意着装吗？想跟您讨教一下公司职员的穿衣法则。

A4 我的前公司对着装不是很严格。不过碰到做内部汇报的日子，我一定会穿西装上阵，就算周围的同事穿得很随意，我也照样会这么做。因为这样可以调整心态，让自己更重视台下的听众，所以提前选一套“关键时刻”穿的衣服是个不错的主意。

Q5

为了孩子和自己的身体健康，您平时有什么比较注意的地方吗？

A5

当然有！20多岁的时候，我的身体状况特别不好。尤其是休完产假回归职场以后，被家庭琐事和工作所扰，无法找到平衡，几乎每个月都要发一次高烧，动不动就请病假。我心想："这样下去不行啊。"

于是我连忙调整作息，开始规律的一日三餐。除此之外，我还观察同事，学习他们的工作方法，并应用到自己的工作中。

创业以后，我就更注意身体了，养成了每天晚上9点到10点和孩子一起就寝的习惯。

保证睡眠时间和晚上不工作是我比较注意的两点。平时我也经常叮嘱孩子们要注重睡眠，多做运动。我毕竟还有工作，没有办法每天带他们去公园，但周五傍晚一定会留出时间陪他们出去玩玩。

Q6 每天早上化妆都要花费很多时间，能不能传授几个快速完成妆容和发型的妙招呀？

A6

孩子还小的时候，做妈妈的总是想尽量缩短梳妆时间，但又不能太邋遢。为此，我也想了很多办法。比如化妆包里只留一定会用到的化妆品，这样就不用花时间挑挑拣拣。眼影盘也只有一款大地色的。头发一般扎起来，干起活来不碍事。虽然早上的时间很紧张，只够扎一个辫子，可我会把头顶或两边的头发稍微拉出来一点点，给发型增添几分随意的感觉，不至于太刻板。

Q7 关于自我提升，您有哪些计划呢？

A7

我现在还没有多余的时间和精力上兴趣班，但是会在家里照着网上的视频练10分钟瑜伽，这也算是个调节情绪的好办法。除了瑜伽，我还会自己做美甲，因为工作的时候，指尖总会出现在视野里，好看点会比较养眼。而且，孩子毕竟还小，与其出门折腾，还不如找点儿能在家里自己搞定的事情做做。

小宝宝也跟着妈妈来上班了

主要负责原创产品开发工作的山崎刚休完产假，孩子在能进幼儿园之前，只能先跟着山崎来上班。山崎每周只来1～2天，而且只上半天，中午就下班。

FILE 09

OURHOME的工作方式分享

用自己的双手创造多样的工作方式

OURHOME刚成立的时候只有我一个人，没想到一眨眼的工夫，身边已经多了8位小伙伴。打造一个让人每天都盼着上班的公司是我们的理想。

为了实现这个目标，我们设置了各种机制，想了很多让工作变得更灵活的办法。比如，可以一天只上几小时的班，每周只来几天，甚至还能带着宝宝来公司。引进这些制度，也是营造理想职场的一个环节。我想让每位伙伴都长长久久地在OURHOME干下去，所以绝不会轻易断定“这个办法行不通”。希望我们能用自己的双手创造出与每个人的生活和思维最契合的工作方式。

OURHOME
以找到“恰到好处”的家庭生活为理念，旨在贡献生活小创意与原创匠心产品。

不设固定工位，采用自由工位制

只要拿上笔记本电脑和一个文件盒，无论坐在哪儿都能开工。采用自由工位制有助于灵活利用空间，而且大家都会有意识地把物品的总量控制在方便挪动的范围内，自然而然养成勤整理的好习惯。

追求每个人都觉得方便、舒服的职场环境

OURHOME的办公室由大房间（收纳班开课时可以当教室用）、后勤办公室和茶水间组成。大房间的用途比较多，所以伙伴们没有固定的办公桌，用的是折叠桌椅，视具体情况摆放、组合。

无论是大房间还是后勤办公室，都采用自由工位制，不设固定工位。因为一旦固定了位置，物品就容易停滞不动，这种制度就是为了防止物品囤积。

除此之外，我们还会用植物、香薰与音乐营造舒适的氛围。

绿植多多益善

只是看一眼可爱的绿植，人的心情就能平静下来，冷冰冰的办公室也有了生机。而且植物是活的，每天都能感受到它们的成长，说不定它们还能成为同事间沟通的契机。公司代表（我老公）刚好喜欢植物，浇水的任务就交给他了。

再来点舒服的音乐，刚刚好

要是不放点儿音乐，稍微有些风吹草动，注意力就会被分散，所以我们效仿咖啡厅，工作时放点儿背景音乐。为了不妨碍工作，选的音乐以没有歌词的轻音乐为主。

用清新的香味振奋精神

我们每天都要在办公室待很长时间，屋里的香味当然也很重要。OURHOME用的是柠檬草香薰精油。香薰机选的是汽化款，省去了换水的工夫。

OURHOME的整理收纳规则

为了灵活利用空间，我们选择了能随意重组的不锈钢置物架、带抽屉的收纳盒与文件盒，无论是移动，还是调整配置，都很方便。再贴上标签，谁来找东西都不费劲。

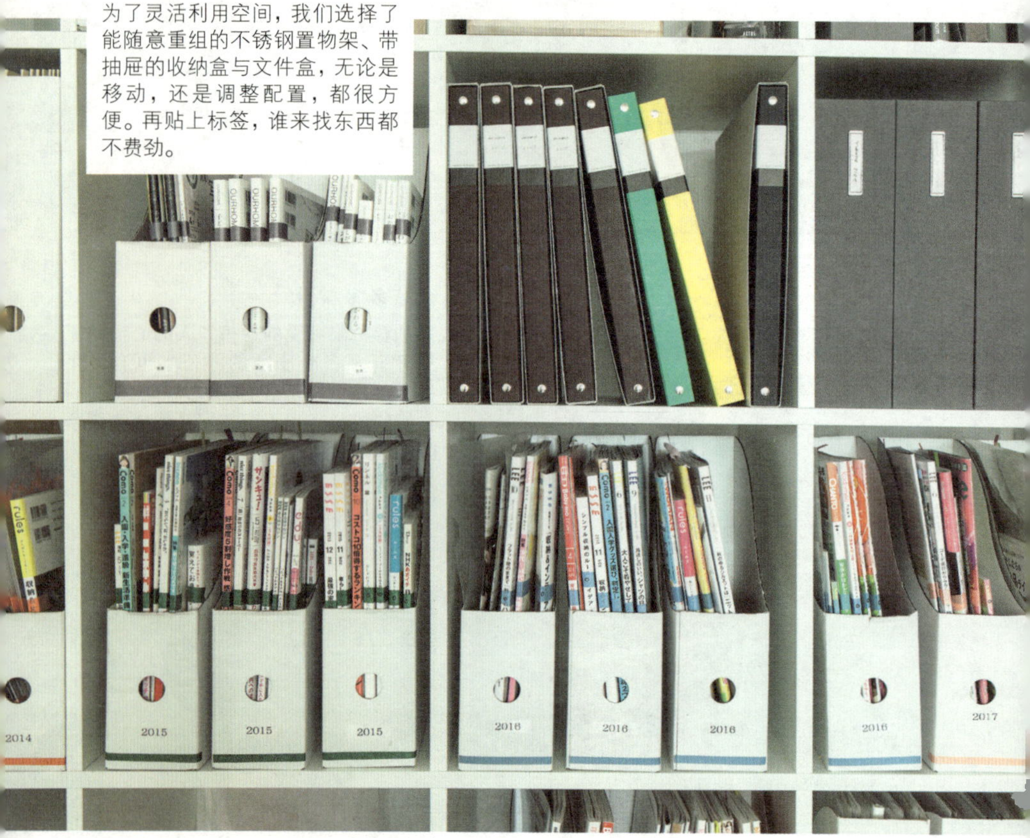

把大多数物品放在公共区域

后勤办公室的收纳以这个可以随意重组的不锈钢置物架为中心。专人专用的文件盒（一人一个）、票据、文具、名片、各种纸质用品……大多数物品都集中在这一个架子上。到公司后，把放在最上层的个人文件盒拿下来，就能开启一天的工作了。

佐藤
大地
矢原
上堀内
西口
藤井
山﨑
友原
Lesson
売上
名刺
支出
クリアファイル
A4白用紙
A4うらがみ
デジタル
インク・L版
光沢紙　シール用紙
封筒
クリップ
カッター
黒ペン
ホッチキス
ボンド・のり
フリクション
はんこ
メモ
鉛筆・消しゴム
切手
ふせん 大
油性ペン
電池
ふせん 小
カラーペン
指サック
修正ペン
新しいノート
テプラ
L判印刷
セロテープ
マスキングテープ
ガムテープ

文具也是大家共用一套

我们在共用的置物架上摆了和A4文件盒尺寸相同的迷你抽屉盒，专门用来放文具。抽屉门是半开放式的，不用特意拉开抽屉，也能随手把物品放回去。

装饰胶带让资料和杂志的复位更便捷

我们经常用刊登过OURHOME的杂志当参考资料。为了让复位更加便捷，杂志的书脊和文件盒会贴上同一种颜色的装饰胶带，复位时只要看颜色就行，物归原位十分方便。

茶水间的收纳简单明了

茶包和咖啡、杯子、塑料袋、小零食……茶水间的收纳也严格遵守“一类一盒”的大原则。抽屉上都贴了标签，第一天来上班的新人也不会晕头转向。

OURHOME的工作巧思

伙伴们都是职场妈妈，上班时间和每周的出勤天数各不相同。所以我们格外注重沟通，力争短时高效。为了让大家工作得更舒心，我们也想了很多办法。

在晨会上宣布“我今天要做什么”

开晨会的时候，每个人都要讲一讲自己今天的安排。如此一来，就能把握其他人的业务情况，有空的可以主动帮助压力大的，自己当天的工作目标也会更加明确，益处多多。（详见P50）

大家一起搞卫生

办公室是所有人的工作基地，当然要一起搞卫生了。我们每天早上都留了10分钟的打扫时间，到点了就开工，习惯成自然。也许沟通的契机就隐藏在打扫的过程中。

周一	整理收纳技巧
周二	分享顾客问卷
周三	就商品策划交换意见
周四	分享提升工作效率的诀窍
周五	讨论小专栏的点子

每天15分钟的“乐享会”

每天午休结束后，所有伙伴齐聚一堂，围绕某个主题（比如讨论商品创意）开“乐享会”。在上面这张照片里，小伙伴正在用PPT介绍自己。了解伙伴们不为人知的一面，说不定能对工作产生积极的影响。

不加班，在下班前搞定

我是17：00下班，其他人也有各自的下班时间。每个人都会在下班前提早完成今天的任务，准时下班。我们的原则是“绝不加班”，能放到明天做的事就明天再做。

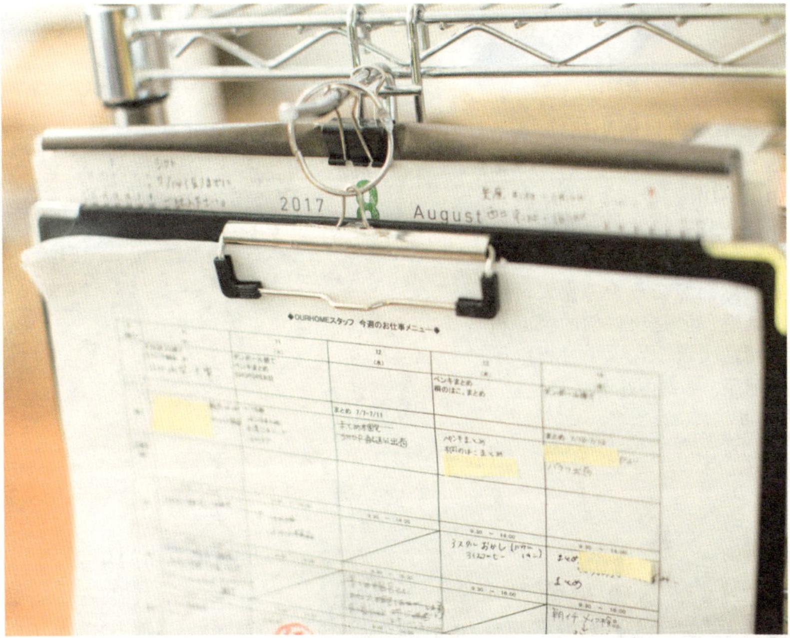

用“工作菜单”管理伙伴们的任务

谁、做什么、截止时间是什么时候……我们把“月度工作计划表”挂在所有人都能看到的地方，整个月的日程都安排得清清楚楚。一看这张表，所有事项都一目了然，工作开展起来自然顺畅。

“命名”马虎不得

我们习惯在新的一年来临时召开年度策划会。而策划会的名字呢，就叫“20××年度OURHOME再接再厉大会”。因为比起死板的“年度策划会”，这样的名字更让人充满期待。对了，我们公司的“月度工作计划表”叫“工作菜单”，交流会叫“乐享会”。

名字看似无足轻重，可我觉得一个好名字能给工作增添几分乐趣。如果你满脑子都是“我是被逼的”“好麻烦啊”之类的念头，再有趣的工作都会变得无聊，但有意思的好名字能把人的意识引领到更积极向上的方向。

送花给过生日的小伙伴

给过生日的小伙伴送花是OURHOME的传统。首先，收到花的人肯定很开心。其次，把花装点在家里，公司里发生的事自然而然会成为一家人讨论的话题。要是伙伴们的家庭和公司的关系能在这个过程中逐渐加深，那就再好不过了。

举办带家属的年会

到了年底，我们会在办公室举办带家属的年会。家属们也能借此机会相互认识一下，进而对妻子/母亲的工作伙伴产生亲切感。职场妈妈们也能得到更多的理解与体谅。

让伙伴的家人也加入OURHOME大家庭

在我看来，工作与生活是密不可分的，所以最好让伙伴们的家人多了解一些伙伴们工作上的事情，能来体验一下她们的工作环境就更好了。知道妻子/母亲平时都和什么样的人共事，有助于加深他们对这份工作的理解，进而体谅职场妈妈的难处，营造一个更舒心的家庭环境。

反过来说，了解其他伙伴家里的情况（比如孩子最近特别喜欢足球，丈夫长期出差等）对工作也大有助益。有小伙伴因为紧急情况要请假的时候，大家都能痛痛快快地伸出援手，人际关系自然会更和谐。

OURHOME的小伙伴之工作日常

在工作上花多少时间？未来的工作规划是什么样的？工作理念因人而异，小伙伴的工作方式也是五花八门。

小伙伴1号 友广

上班时间：9：30—16：00
出勤天数：每周5天
家庭成员：丈夫、儿子（5岁）

负责制作手机报、更新Instagram、宣传及运营每月营业若干次的门店。

用心分配任务，每周上满5天班

友广在一家服饰公司工作了6年，因为孩子的到来选择离职。在孩子2岁时重返职场，在蛋糕店和其他地方工作过一段时间，然后才进入OURHOME。

“一看到招聘信息，我就想：‘做点儿自己想做的事情吧！’于是就鼓起勇气应聘。我儿子是那种很喜欢去幼儿园的孩子，而我也喜欢工作。因此我每周都是上满5天班，这样对我、对孩子都有好处。”

分配任务是友广最注重的环节。在每周开始时，她就会把一整周的任务分配好，每天到公司后的第一件事也是先安排再开工。为了不加班，也为了不把工作带回家，她能提前做的，都尽量提前做。

小伙伴2号 矢原

上班时间：9：30—14：00
出勤天数：每周3~4天
家庭成员：丈夫、大女儿（6岁）、小女儿（4岁）

想和顾客有更多的交集，所以质检、打包与发货都是自己动手，非常仔细。

重视公私平衡的伙伴可以选择更短的工作时间

矢原以前在银行工作，有了孩子以后暂别职场。后来她开始时不时地来OURHOME的活动现场帮忙，现在每周上3~4天班，每次半天，主要负责确认订单、质检、打包等一系列和网店有关的业务。她说：“我比较重视工作和私生活的平衡，想在工作的同时留出陪伴孩子的时间，能在这样一个可以选择上班时间的地方工作真是太好了。”

因为下班时间早，矢原非常重视伙伴之间的沟通和信息传达的精准性，“遇到需要移交的事项，我不仅会口头通知，还会发内部邮件，方便事后查找。”

专栏

不要找做不到的借口，多思考如何才能做到

“不要找做不到的借口，要努力去想想如何才能做到！”——当年我还是个刚进公司的小白职员，在参加入职培训的时候，上司说了这样一句话。

我觉得很有道理，只可惜那是我踏上社会的第一个春天，还没处理过像样的任务，连工作是怎么回事都还没搞清楚。虽然当时没能完全理解这句话，但我潜意识里觉得它很重要，就随手写在了笔记本上。

一眨眼，16年过去了。如今，这句话已经成了我的座右铭。无论身在何处，无论面对的是公务还是家事，我都能靠这句话把心态摆正。

“都怪你不帮忙！”“都怪预算不够！”“都怪房子太小了！”“都怪收纳空间太少了！”……千万别再这样找做不到的借口，而应该调整思路，思考如何才能做到。别把时间浪费在想了也没用的事情上，集中火力探索解决之道才是真理。无论是工作还是家庭，都难免会遭遇逆境。说好的交货期要赶不上了；学校突然停课，得请假回家带孩子……突发情况总是预料不到。年轻时，我也有过因为一点小失败和小困难就闷闷不乐的时候。现在遇到同样的情况，我当然也会消沉一小会儿，但总能迅速把心态调整好。

“不要找做不到的借口，要努力去想想如何才能做到！”——也许我最该感谢的，就是这句话。

CHAPTER 4

让工作变得更轻松

的沟通法则

&

调整情绪的方法

告诉自己“时机未到”

“你总是那么乐观！”——常有客户和学员这么夸我。其实，我原本也是个很容易消沉的人，总把事情往坏的方向想，一头栽进去就爬不出来了。后来，开始工作，再到成立家庭，有了一双儿女后，眼看着能用在自己身上的时间越来越少，我渐渐想通了：“时间那么宝贵，哪能一直闷闷不乐呢！”

人在职场，难免会遭遇挫折，碰到没处说理的事情。花了很长时间慢慢谈的项目，好不容易到了要签合同的阶段，对方却说不签了；满怀诚意和对方打交道，可对方的所作所为让我对双方的信任关系产生了怀疑……即便是现在的我，遇到这种事肯定也会消沉，也会忍不住想责怪对方，但我只给自己一天的时间，过后绝不会念念不忘。为什么我能迅速走出阴霾？因为我会告诉自己**“时机未到”或者“跟这个人没缘分”，及时调整心态**。

项目是没谈成，但后来我遇到了更好的客户，签下了更大的单子。从结果看，后一份合同开阔了我的视野。现在回想起来，我能斩钉截铁地说："那天是没到签合同的时机。"与不值得信任的人分道扬镳之后，我有幸结识了更出色的伙伴，事情也往更好的方向发展了。换作今天的我，我一定会告诉自己："这些波折都是为了邂逅更好的伙伴啊！"

古人云："否极泰来。"无论是工作还是人生，都会有起有落，有高峰也有低谷。我完全想通了这一点，反正人生路不会永远坎坷，有工夫消沉，还不如抬起头来远眺前方。怀恨在心没法让自己前进，还不如换个角度看问题，告诉自己："肯定是冥冥之中有人帮我挡了一场灾难！""这是天意啊，肯定还有更好的选择！"遭遇挫折的时候，就是进入下一阶段的最好时机。我就是通过调整心态逐渐培养出了拿得起放得下的能力。

人际关系碰壁时，试着从改变自己做起

职场人士的烦恼不单单和工作的内容有关，为人际关系发愁的读者朋友大概也不在少数吧?

有人的地方就会产生矛盾，或大或小的争执与摩擦在所难免。俗话说，林子大了，什么鸟都有。对方的处事方式也许会让你大跌眼镜，你也许得忍辱负重，跟合不来的人长期共事。遇到这种情况，谁都会筋疲力尽，盼着人家能改一改，变个样。然而，改变一个人的性格或行为模式是非常困难的，而且很费时间。打这样的持久战，只会让自己更痛苦。所以我一贯认为，**在人际关系碰壁的时候，试着改变自己才是大前提**。

2015年，我和老公一起开了公司，成了同事。我们有17年的感情，我本以为自己很了解他。可是真的谈起工作来，我们才发现彼此看待事物的标准不太一样。所以公司刚起步的时候，我们俩经常起冲突。但我没有奢望他改变，而是先试着调整自己的心态，换一个方式和他说事情。在这个过程中，我们逐步磨合，相互妥协……

如今，他已经成了我最重要的工作伙伴。当然，我们在生活中也是好搭档。

假如有个同事总也不和你打招呼，你不妨主动和他打个招呼，送上一张灿烂的笑脸。

交给别人做的事情，对方没做到100%完美也没关系。你要告诉自己：拜托别人做事，要求不能太高，有个50分就够了。

只要养成了这种习惯，你的**其他能力一定也会有所提升**。

即便事态无法迅速好转，也别整天愁眉苦脸，白白蹉跎时间。试着从改变自己做起，才能更积极向上，才会有更轻松的心态。

逆境让人快速成长

“走得累了，证明你在走上坡路。”——这句话是和我同一年入职的同事的座右铭。

我现在也会时不时回忆起这句话来。爬过山的人都知道，上坡的时候的确很辛苦。所以当你觉得工作很痛苦的时候，当你觉得项目的难度太高，简直无法超越的时候，你一定要告诉自己：我之所以这么辛苦，正因为我走的是上坡路！沿着上坡路走到头就是山顶了，到时候就能欣赏到美丽的景色。为了看到朝思暮想的那一片风景，爬再久的坡也心甘情愿啊。只要熬过这一阵子，等待着我的一定是无限的美好。等我爬完这道坡，我一定能长进很多，更上一层楼……我觉得这样自我暗示一下，就能抱着积极乐观的心态，鼓起勇气面对逆境。

说白了就是把当下的逆境理解为成长的过程。正因为处境艰难，人才会想方设法打破局面，做出改变，咬紧牙关，奋力拼搏。所以逆境能推动你迈出新的一步，给你前所未有的启发。

反之，觉得最近好像各方面都很顺利的时候，觉得工作好像变轻松的时候，不要太开心，因为你很有可能在走下坡路。在邮购公司上班的时候，我也有过一段顺风顺水的日子。当时觉得能按自己的步调完成任务，也能提出各种各样的创意了，比原来从容了很多……可就在这个时候，一位非常优秀的新人入职了。去国外出差时，我眼睁睁地看着他用流利的英语和客户交流，暗暗吃了一惊。他的表现激起了我的斗志，同时也让我深刻反省自己要是能在觉得有余力的时候多学点东西就好了。这件事让我深刻体会到，在各方面都走上正轨，心情越发轻松的时候，才更应该把目光放长远些，做好下一步的布局。

学会处理自己的负面情绪

这几年里，我一共出版了10本书，但没有一本书的制作过程是一帆风顺的，每次都得犹豫很久，然后在纠结和烦恼中慢慢推进。“这样的内容不行啊？”“这真的是我想传达给读者的吗？”消沉到了极点，甚至会冒出放弃出书的念头。不过写书的次数多了，我便渐渐摸清了自己的情绪周期，知道低潮过后一定会想出好点子，重新振作起来，力争把书做得更好。摸透这个规律以后，消沉就再也吓不倒我了。就算情绪有点失落，我也能用更乐观的心态去面对，告诉自己：“来了来了！坏情绪又找上门来了！”我觉得，**把握自己的情绪周期可以在某种程度上给事业和人生减负**。

列出所从事工作的意义

“企业存在的目的，就是为社会做贡献！”——这句话是我前公司的企业理念。

入职培训的第一天，讲师就反复强调了这一点。如今，它也成了我在职场拼搏时的指路明灯。我一贯认为，无论你从事的是什么工作，你的努力都一定能在社会的某个角落发光发热，帮到某个人，只是有些工作的价值很难立刻直接显现出来罢了。

我的工作与社会有着怎样的关联？我会时刻把这一点放在心上。比如说，我想通过开办收纳班、出版与收纳整理相关的书籍，帮助广大家庭构建省时省力的生活机制，让大家把节约出来的时间用在更有价值的地方；也想以创意产品为媒介，让购买产品的顾客过上更加快乐舒适的生活；同时为负责生产制造的工厂创收，进而为本地经济做贡献。

“我的工作到底有什么意义？还有必要继续做下去吗？”人在职场，谁都有可能被忙碌的工作搞得心情烦躁，不知道自己每天忙前忙后到底有什么意义，从而失去动力，日渐消沉。遇到这种情况时，大家不妨试着把自己从事的这份工作的意义和它与社会的关联列出来。

你们公司提供的服务或商品跟社会有怎样的联系？对社会做出了怎样的贡献？就算你没有直接参与其中，也可以把视野拓宽一些。如此一来，你便会意识到：“我下单采购的材料，推进了这个地区的产业！”“我卖出去的商品，让用户的生活稍微轻松了一点点！”于是你就能清楚地认识到自己的工作有什么意义了。这一份使命感一定能为你的工作增添几分幸福的色彩。

主动打招呼是改善职场人际关系的秘诀

我们的父母从小就教育我们："见了人要打招呼！"不过我最近再次深切体会到，打招呼真的很重要。事情要从我们公司的一位小伙伴说起。

她每周上3~4天班，每次下午2点就下班了，走得比其他人早。但她临走时一定会面朝大家，看着大家的眼睛，带着灿烂的笑容说一声"大家辛苦了"，然后才走。**你可别小看了这一句简简单单的招呼，毕竟礼多人不怪**，每次我们都会幸福地目送她下班。

谁都会对热情地跟自己打招呼的人产生亲切感，萌生想要帮他一把的念头。**一句简单的问候，就能让职场的沟通更顺畅**，当然要重视起来！

和同事分享对工作有帮助的信息

每每看到有趣的新闻报道，或是以后可能用得上的创意，我都会立刻分享给小伙伴们，无论它和我们手头的工作有没有直接的关联。在前公司上班的时候，团队成员之间也经常这样分享对工作有帮助的信息。

分享的主题一定要积极向上。

- 能在推进工作的过程中用作参考的，例如“省力小窍门”；
- 能提升干劲的，例如“客户与顾客的表扬”；
- 能激励自己的，例如“虽有烦恼与纠结，但还是以十万分的热情投入工作的人的访谈报道”。

也许这些信息没有厉害到让我特意找时间介绍给别人的地步，但只要是我看完以后觉得挺有收获的东西，我都会立刻分享。而且我们现在已经用不着特意剪报纸或者打印照片了，只需把相关链接或者照片发出去就行了，分享起来非常方便。另外，为了不让同事们有心理负担，我习惯在发送时轻描淡写地说一句“我发现了这样一篇内容，大家感兴趣可以看一下”。这样对方就不会有被人逼着看的感觉了。这样的分享经常能开启一次交流，所以我觉得分享也有促进沟通的作用。

发现了好东西要和大家分享，千万不能“吃独食”。**只要你先养成分享的习惯，周围的人自然也会把有用的、有趣的东西分享给你**，形成良性循环。毕竟人多力量大，大家都竖起脑袋上的“天线”，一定能捕捉到更多的优质信息。与小伙伴共同积累这样的好东西，一定能为团队提供强大的助力。

小便条，大用途

“能不做的一律省略，尽量减少耗时”是我的一贯宗旨，但我只会砍掉不必要的环节。**和增进交流有关的事，我还是会认真用心去做**，虽然在旁人看来，这么做有浪费时间的嫌疑。

好比在寄送物品、提交文件的时候，我一定会附上一张简短的便条。尤其是需要对方确认的文件，只把冷冰冰的纸塞给人家，那也太没人情味了。**哪怕只是附上一张手写的便条，也能温暖对方的心**，不是吗？这样的点滴积累，一定能让各项工作顺利推进。写便条只需要短短的几十秒。付出虽小，但是回报够大。这样的工夫可不能省。

工作辛苦了。
这是A公司策划案的
预算资料。麻烦了！
佐藤

非工作时间
尽量不要用微信①联系同事

有事情要确认的时候，或是有任务要委派的时候，发个微信就能立刻联系到同事，十分方便。现在，微信不仅是一个可以联系亲友的社交软件，更是一个可以处理工作的“办公软件”。我也经常用微信联系公司的小伙伴处理工作，但我有一条雷打不动的原则：用微信谈公事**仅限于上班时间和遇到紧急情况的时候**。

毕竟大家私底下也经常用微信。在非工作时间打开通知铃声，随时查看新消息的人应该不在少数。要是在休息日或工作日的晚上突然收到了和工作有关的消息……好不容易放松下来的心情又被活生生地拽回到工作里，肯定会有人觉得这是一种心理负担。真是急事也就罢了，不是很紧急的话，还是等到第二天或假期结束再说吧，没必要特地发微信说。

注①：原文中为其他通信APP，类似于中国的微信，为便于读者理解与运用，改为“微信”。

——编者注

团队内部还比较容易就这一点达成共识，可是休息日不要发微信谈公事这种话，又有几个人敢跟客户和上司说呢？看见了消息却不回，心里总归是有些过意不去的。

如果你觉得这样的消息成了你的心理负担，那就先从自己做起，养成不主动在非工作时间发微信谈公事的习惯。看到了消息提示就迅速回复，但不主动给同事发。只要切实做到这一点，休息时间的工作微信就一定会减少（只是减少的幅度可能不会太大）。但是你的细微改变，说不定能影响到别人。

还有个办法，那就是把手机调成静音模式，关掉通知铃声和振动，只在必要的时候查阅消息。如果消息是你主动查看的，工作微信带来的心理负担也就不会那么大了。而且对方一旦意识到就算发微信，你也不会立刻查看，兴许就不会动不动就发微信了。如此一来，无论是在职场，还是在生活中，你都能过上不被微信牵着鼻子走的日子。

珍惜直接指出你不足的朋友

当你险些做出错误的判断或决定时，有些朋友会直截了当地提醒你：“你这样做不对！”或犀利地指出你这个选择哪里不好。忠言着实逆耳，不过我始终认为，**这样的朋友才是最宝贵的财富**。

我和老朋友们经常聊工作上的事情，有时甚至会找他们商量特别具体的问题。但朋友们从事的工作和立场与我不一样，所以他们的“常识”也与我不同，他们总能从意外的视角直击问题的核心，让我恍然大悟，或者直接给出尖锐却精准的意见。和通过孩子结识的新朋友打交道的时候，我也会坦诚相待，努力构筑起能说真心话的友谊。同一份工作做久了，你在职场说的话可能会越来越有分量，越来越容易得到同事们的认可，但也正因为如此，**愿意和你说真心话、愿意提出尖锐意见的人才更显珍贵**。

和家人聊聊工作，和同事聊聊家人

我始终认为工作与生活密切相关，所以平时会有意识地和老公或孩子聊一聊自己是怎么工作的，有着怎样的工作理念。讲得多了，他们就对我的工作有了更深入的理解，也会主动帮我分担一些家务。而且我坚信，家长多和孩子讲一讲自己的工作有什么意义，干起来有多开心，一定能对孩子产生积极正面的影响。

在公司的时候，我经常和小伙伴们分享家人的趣闻，也听她们聊聊自己的家人。这样有助于增进彼此之间的亲切感，万一谁家的孩子出点什么事得突然请假，其他人也能爽快地伸出援手。

后　记

感谢大家耐心读到最后。

2012年，我下定决心自立门户，开始创业。刚创业的那阵子，我根本想不到自己能有今天。

现在，由我独自创办的“OURHOME”也早已经注册成了公司，和丈夫共同经营，还多了8位可靠的小伙伴。为了不辜负顾客们的期待，我们定将竭尽全力，不断前进。

刚辞职的那会儿，我觉得两眼一抹黑，天知道以后会发生什么事。现在团队有了一定的规模，可是实话告诉大家，未来对我而言依然是个未知数。

但我敢挺起胸膛说，无论事情发生怎样的变化，我都会坚定不移地“整理”现状，“筛选”必要的东西，积累点滴的巧思。工作与生活不可能像被施了魔法一样事事顺利，但每天的24

小时是人人平等的。未来是好是坏，应该就取决于能不能把这些时间用到极致。

大家能拿起这本书，说不定也是冥冥之中的缘分使然。我衷心希望它能给各位读者的工作带去新的启迪，能为各位在今后的职场中提供更多思考的契机，帮大家厘清自己想成为一个什么样的人，以后想走哪条路。

最后请允许我借此机会，向在百忙之中抽空接受采访、填写问卷的朋友们致以最诚挚的谢意。同时也感谢平时给我的著作和博客捧场的热心读者们以及参与本书制作的所有工作人员。

DESK TO KIMOCHI NO KATADUKE DE MICHIGAERU,
WATASHI NO SHIGOTO JIKAN

Original Japanese edition published by WANI BOOKS CO., LTD.
This Simplified Chinese edition published
by arrangement with WANI BOOKS CO., LTD., Tokyo
in care of FORTUNA Co., Ltd., Tokyo

浙江省版权局
著作权合同登记章
图字：11-2022-374

责任编辑：瞿昌林
特约编辑：周晓晗
责任校对：王君美
责任印制：汪立峰

图书在版编目（CIP）数据

女子工作术 /（日）Emi著；曹逸冰译. -- 杭州：浙江摄影出版社，2023.2

ISBN 978-7-5514-4260-2

Ⅰ. ①女… Ⅱ. ①E… ②曹… Ⅲ. ①女性－工作方法－通俗读物 Ⅳ. ①B026-49

中国版本图书馆CIP数据核字（2022）第241625号

NÜZI GONGZUOSHU

女子工作术

［日］Emi /著　曹逸冰 /译

全国百佳图书出版单位

浙江摄影出版社出版发行

地址：杭州市体育场路 347 号

邮编：310006

网址：www.photo.zjcb.com

经销：全国新华书店

印制：天津联城印刷有限公司

开本：880mm × 1230mm　1/32

印张：6.5

字数：93千

2023 年 2 月第 1 版　　2023 年 2 月第 1 次印刷

ISBN 978-7-5514-4260-2

定价：55.00元

快读·慢活®

《慢慢变富：让人生更富有的金钱与工作法则》

松浦弥太郎写给普通人的致富圣经

本书是生活美学大师松浦弥太郎对自己人生经历的拆解与思考，是人人皆可参照的人生致富经。

松浦弥太郎以自述的形式，讲述了自己高中辍学后，从体力活干起，一步步进阶提升，最终进入 IT 行业当上 CEO 的人生经历。同时从“金钱与时间、消费与收入、投资与管理、工作与个人提升”四大维度，总结出了 42 个变富经验。他用亲身经历告诉我们——我们很难拥有一夜暴富的运气，但可以培养慢慢变富的能力。

快读·慢活®

从出生到少女，到女人，再到成为妈妈，养育下一代，女性在每一个重要时期都需要知识、勇气与独立思考的能力。

“快读·慢活”致力于陪伴女性终身成长，帮助新一代中国女性成长为更好的自己。从生活到职场，从美容护肤、运动健康到育儿、家庭教育、婚姻等各个维度，为中国女性提供全方位的知识支持，让生活更有趣，让育儿更轻松，让家庭生活更美好。